Gütersloher Taschenbücher / Siebenstern 1005

Das Evangelium der Bauern von Solentiname

Gespräche über das Leben Jesu
in Lateinamerika

Aufgezeichnet von
Ernesto Cardenal

Aus dem Spanischen übersetzt
von Anneliese Schwarzer de Ruiz

Dritter Band

Gütersloher Verlagshaus
Gerd Mohn

Originaltitel: El Evangelio en Solentiname

CIP-Kurztitelaufnahme der Deutschen Bibliothek

Das Evangelium der Bauern von Solentiname:
Gespräche über d. Leben Jesu in Lateinamerika
aufgezeichnet von Ernesto Cardenal. (Aus d. Span.
übers. von Anneliese Schwarzer de Ruiz). –
Gütersloh: Gütersloher Verlagshaus Mohn.
  Einheitssacht.: El evangelio en Solentiname
  (dt.)

NE: Cardenal, Ernesto (Hrsg.); EST

Bd. 3. – 1980
(Gütersloher Verlagshaus Siebenstern; 1005)
ISBN 3-579-01005-0

ISBN 3-579-01005-0

Lizenzausgabe mit freundlicher Genehmigung des
Jugenddienst-Verlages, Wuppertal
© Jugenddienst-Verlag, Wuppertal 1976, 1978
Gesamtherstellung: Clausen & Bosse, Leck
Umschlagentwurf: Dieter Rheder, Aachen,
unter Verwendung eines Fotos von
ADVENIAT-Archiv, Essen
Printed in Germany

Inhalt

Ernesto Cardenal: Zur Entstehung dieses Buches 6
Das Bekenntnis des Petrus 8
Das Salz der Erde und das Licht der Welt 14
Jesus stillt den Sturm 17
Wer nicht gegen uns ist, der ist für uns 25
Jesus und die Samariterin 28
Das Brot des Lebens 43
Die Ehebrecherin 53
Die Wahrheit macht euch frei 58
Der barmherzige Samariter 65
Jesus spricht über die Ehe 73
Der gute Hirte 81
Das Himmelreich und die Gewalt 87
Die Austreibung der Händler aus dem Tempel . . . 109
Das Hochzeitsfest 117
Steuern für den Kaiser 124
Vom Kommen des Gottesreiches 132
Das Ende der Welt 138
Die Wiederkunft des Menschensohns 145
Die klugen Jungfrauen 155

Ernesto Cardenal:
Zur Entstehung dieses Buches

In Solentiname, einer abgeschiedenen Inselgruppe im Großen See von Nicaragua mit rein bäuerlicher Bevölkerung, hören wir in der Sonntagsmesse keine Predigt, sondern unterhalten uns ganz einfach über das Evangelium. Die Auslegungen der Bauern sind oft von größerer Tiefe als die vieler Theologen, aber gleichzeitig von genau so großer Einfachheit wie das Evangelium selbst. Das darf uns nicht verwundern, denn das *Evangelium*, die »gute Nachricht« für die Armen« wurde für sie geschrieben, für Menschen wie sie.

Einige Freunde rieten mir, diese Gespräche nicht verlorengehen zu lassen, sondern sie aufzuzeichnen und zu veröffentlichen. Das ist der Grund für dieses Buch.

Viele dieser Gespräche fanden in der Kirche während der sonntäglichen Messe statt. Andere in einem kleinen strohgedeckten Gebäude gegenüber der Kirche, in dem wir unsere Versammlungen abhalten und oft ein gemeinsames Mittagsmahl nach der Messe einnehmen. In einigen Fällen feierten wir die Messe auch unter freiem Himmel auf einer der Inseln oder in einem Dörfchen auf der gegenüberliegenden Seite des Sees, zu dem man nur auf einem unserer Tropenflüsse, umgeben von der üppigsten Vegetation, gelangt.

Jeden Sonntag werden zuerst Exemplare des Neuen Testaments verteilt. Das heißt, an die, die lesen können, denn viele unserer Gemeindemitglieder sind Analphabeten, vor allem die älteren und diejenigen, die auf weit entfernten Inseln wohnen und nicht regelmäßig zur Schule kommen können.

Einer von denen, die am besten lesen können (für gewöhnlich ein junger Mann oder junges Mädchen) liest die Bibelstelle vor, die wir an dem jeweiligen Sonntag besprechen wollen. Danach besprechen wir einen Vers nach dem anderen.

Die Inselgruppe von Solentiname umfaßt achtunddreißig Inseln, aber nur die größeren unter ihnen sind bewohnt. Insgesamt leben hier etwa 1 000 Menschen, die ungefähr 90 Familien bilden. Sie wohnen in strohgedeckten Hütten, die oft weit voneinander entfernt sind und verstreut an den Ufern der verschiedenen Inseln stehen. Unsere Gemeinschaft, die man vielleicht ein Laienkloster nennen könnte, und die den Namen »Unsere Liebe Frau von Solentiname« trägt, hat ihren Sitz an der Südspitze der größten Insel. Zu dieser Gemeinschaft gehören der kolumbianische Dichter William Agudelo mit seiner Frau Teresita und seinen beiden Kindern Irene und Juan, sowie drei junge Männer, die auf diesen Inseln geboren wurden: Alejandro, Elbis und Laureano. Wir haben wenig Kontakt mit der Außenwelt, und unsere kontemplative Zurückgezogenheit wird an diesem schwer zu erreichenden, abseits der Handels- und Touristenstraßen gelegenen Ort nur selten gestört.

Nicht alle, die zur Messe kommen, beteiligen sich im gleichen Maße an den Gesprächen. Manche haben fast immer etwas zu sagen. Marcelino ist ein Mystiker. Olivia eine Theologin. Rebeca, Marcelinos Frau, spricht immer wieder von der Liebe. Laureano bezieht alles auf die Revolution. Elbis denkt nur an die perfekte Gesellschaft der Zukunft. Felipe, ein anderer der jungen Männer, denkt vor allem an den Kampf der unterdrückten Klassen. Der alte Tomás, sein Vater, kann nicht lesen, doch spricht er mit großer Weisheit. Alejandro, Olivias Sohn, hat alle Anzeichen eines jungen Führers, und seine Beiträge sind für gewöhnlich eine Art Orientierungshilfe für die anderen, vor allem für die übrigen Jugendlichen. Pancho ist konservativ. Julio Mairena kämpft für die Gleichheit. Oscar, sein Bruder, spricht immer von der Wichtigkeit der Vereinigung aller. Sie und alle anderen, die oft sprechen und Wichtiges zu sagen haben, und auch die, die wenig sprechen, aber auch Wichtiges zu sagen haben, dazu William und Teresita und andere Freunde, die uns besuchten und an unseren Gesprächen teilnahmen, sind die Verfasser dieses Buches.

Das heißt, sein wirklicher Verfasser ist der Geist, der ihnen ihre Worte eingab (die Bauern von Solentiname wissen sehr wohl, daß er es ist, der durch sie spricht), derselbe Geist, der auch die Evangelien inspirierte. Es ist der Heilige Geist, der Geist Gottes, eingegangen in die Gemeinschaft; der Geist, den Oscar den Geist der Vereinigung aller nennen würde und Alejandreo den Geist des Dienstes am Nächsten und Elbis den Geist der zukünftigen Gesellschaft und Felipe den Geist des Arbeiterkampfes und Julio den Geist der Gleichheit und der Gütergemeinschaft aller mit allen und Laureano den Geist der Revolution und Rebeca den Geist der Liebe.

Das Bekenntnis des Petrus

(Matthäus 16, 13–20)

Jesus fragte seine Jünger nach der Meinung der Leute über ihn, und sie antworteten:

Einige sagen, du seist Johannes der Täufer, andere, du seist Elia, und wieder andere, du seist Jeremia oder ein anderer Prophet.

Teresita: – Er sah, daß die Menschen ihm folgten, und wollte wissen, warum.

William: – Es interessierte ihn, was das Volk dachte. Und das Volk irrt sich nie. Johannes der Täufer und alle Propheten hatten die schlechten Regierungen angeklagt, nicht wahr? Und deshalb sagten die Leute, er sei ein neuer Johannes oder ein neuer Prophet. Und damit hatten sie gar nicht so unrecht. Aber es gab doch etwas, was das Volk noch nicht wissen konnte.

Da sprach er zu ihnen: Und ihr, was sagt ihr, wer ich bin?

William: – Er will feststellen, ob die, die in seiner Nähe gelebt haben und ihn besser kennen, schon gemerkt haben, was es mit ihm auf sich hat.

Oscar: – Ich glaube, daß er uns, unserer Gemeinschaft hier, jetzt dieselbe Frage stellt: Wer bin ich für euch? Ich will für mich antworten, so wie Petrus für sich antwortete. Für mich ist Jesus einer, der mich verändert hat, seit ich ihn kenne (was noch nicht so lange her ist). Früher hatte ich einen schlechten Charakter, und jetzt, scheint mir, bin ich dabei, mich zu ändern. Und er hat mich mit euch anderen vereint. Er hält uns in unserer Gemeinschaft zusammen. Er hat uns zusammengebracht. Wozu? Um mit Gemeinschaften wie dieser die ganze Welt zu einigen und zu verändern.

Simon Petrus antwortete: Du bist Christus, der Sohn des lebendigen Gottes.

Ich sage: – »Christus« kommt von dem griechischen Wort *christos,* das »Gesalbter« bedeutet, und ist die Übersetzung des hebräischen Wortes *mashiah* (»Messias«), das ebenfalls »Gesalbter« bedeutet. Dies ist das erste Mal, daß Jesus im Evangelium Messias genannt wird. Petrus sagt hier, daß Jesus zum König gesalbt worden sei und komme, um das Volk zu befreien und das Reich Gottes einzusetzen.

Olivia: – Das ist etwas ganz anderes als das, was die anderen Leute gesagt haben, nämlich daß er ein neuer Prophet sei. Denn die Propheten kündigten das Reich Gottes an, während mit Jesus das Reich bereits kam.

Elbis: – Das Reich Gottes hat schon begonnen ... Aber es fehlt noch viel, bis es auf der ganzen Erde eingeführt ist.

Oscar: – Aber dieser Tag rückt immer näher, meine ich.

Jesus antwortete: Selig bist du, Simon, Sohn des Jonas, denn kein Mensch hat dir das offenbart, sondern mein Vater im Himmel.

Tomás: – Denn es gibt Dinge, die mit Hilfe der Menschen gelernt werden können. Ein Mensch kann zum Beispiel einem anderen das Lesen beibringen. Aber die Weisheit Gottes lehrt nur Gott selbst.

Rebeca: – Solange sie noch keine Veränderung sahen, konnten die Leute nicht wissen, daß er der Messias war. Sie mußten denken, er sei nur ein Prophet, ein Ankläger, wie es auch früher schon welche gegeben hatte. Und sie konnten auch nicht wissen, daß er der Sohn Gottes war, denn für die Leute war er nur der Sohn von Maria und Josef.

Eins der Guevara-Mädchen: – Mir scheint, die wahre Weisheit ist die Weisheit der Liebe, und darum sagt er, diese Weisheit werde nicht durch die Menschen vermittelt, sondern komme von Gott, denn Gott ist die Liebe.

William: – Sie sahen, daß Jesus ein einfacher, schlecht gekleideter Mensch war, ein Proletarier, und in seinem Aussehen sahen sie nichts, was nach irgendeinem Reich aussah. Aber Petrus verstand auf geheimnisvolle Weise, daß er kein Prophet war, sondern derjenige, der gekommen war, um die Prophezeiungen der Propheten zu erfüllen. Und er glaubte an eine Veränderung der Welt. Deshalb nennt Jesus ihn selig, und auch wir, unsere kleine Gruppe hier, können uns glücklich fühlen, denn auch wir glauben an eine Veränderung der Welt.

– Aber es gibt viele Christen – sage ich –, die immer noch glauben, Jesus sei nur ein Prophet, der kam, um die künftige Rettung anzukündigen, aber nicht, um die Gegenwart zu verändern. Sie glauben auf alle mögliche Weise an Jesus, aber sie glauben nicht an ihn als Messias. Diese Menschen, die nicht an eine Veränderung der Welt glauben, nennt der heilige Johannes Antichrist und Antimessias.

Und ich sage dir: Du bist Petrus, und auf diesen Felsen werde ich meine Kirche bauen, und nicht einmal die Macht des Todes wird sie überwältigen.

Ich sage: – *Petros* bedeutet auf griechisch »Fels«. Diesen Beinamen gibt Jesus dem Simon in dem Augenblick, in dem er ankündigt, er werde auf ihn seine Kirche bauen. Auch »Kirche« ist ein griechisches Wort *(ekklesia)*, womit in jener Zeit aber keine religiöse Institution gemeint war, sondern einfach eine Vereinigung oder noch besser das, was wir heute eine »Gemeinschaft« nennen.
Ich sage auch, daß wir bisher an die Übersetzung gewöhnt waren: »Die Pforten der Hölle werden sie nicht überwältigen.« Aber diese andere Version von der »Macht des Todes« ist genauer, denn Jesus sprach nicht von einer »Hölle«, wie wir das Wort heute auffassen, sondern vom *Sheol* der Juden oder vom *Hades* der Griechen (die Welt des Todes). Jesus bezieht sich auf den Tod wie auf ein feindliches Reich oder eine feindliche Gesellschaft. Bei den Juden, die ihre Städte mit Mauern befestigten, bedeutete das Wort »Pforten« die militärische Macht.
Marcelino: – Er gibt Simon den Beinamen »Fels«, weil er etwas Neues aufbauen will. Das muß auf festem Grund geschehen. Der Fels, scheint mir, ist der Glaube daran, daß Jesus der Messias, der Befreier ist, der die Welt verändern wird. Auf diesem Glauben muß auch unsere Gemeinschaft von Solentiname gegründet sein. Sonst geschieht das, was an vielen Orten des Landes mit der Religion geschieht: Sie ist wie ein altes Haus, das von einem Erdbeben erschüttert wird und zusammenfällt.
Rebeca, seine Frau: – Eine Kirche ohne Glauben kann keine Kirche sein, weil sie dann keine Gemeinschaft ist. Und ohne diesen Glauben leben wir, ohne wirklich zu leben. Wir leben ohne Hoffnung.
Manuel: – Er ernannte Petrus vielleicht darum zum Führer, weil

er der energischste war, der keine Mätzchen kannte und gerade auf
sein Ziel losging. Denkt daran, wie er dem Soldaten das Ohr ab-
schlug! Christus muß sich gesagt haben: Das ist kein Feigling, ich
will ihn zum Führer meiner Gemeinde machen.

Ich sage: – Wir haben gelesen, daß Jesus Simon »Sohn des Jonas«
nannte (auf hebräisch ist das *Barjona*), aber heute glauben manche
Bibelforscher, daß es sich um einen Übersetzungsfehler handeln
muß, weil dieses Wort auch »Terrorist« bedeutet. Sie vermuten, daß
Petrus diesen Beinamen schon hatte, bevor er mit Jesus zusammen
war: Simon, der Terrorist; und das würde bedeuten, daß er zur
nationalen Befreiungsbewegung der Zeloten gehörte, die für den
bewaffneten Kampf waren. Das würde auch erklären, warum Petrus, als Jesus seinen Tod ankündigte, so heftig dagegen aufbegehr-
te, daß Jesus sich töten lassen wollte, und warum er sein Schwert
zog, als sie kamen, um Jesus gefangenzunehmen.

Oscar: – Er war ein Mann, der nicht zögerte, einem anderen Mann
zu sagen, er sei der Sohn Gottes. Und da sah Jesus, daß kein anderer mit der gleichen Festigkeit zu sprechen wagte wie Petrus. Und
so sagte er ihm, er sei ein Felsen und stark genug, eine Gemeinde zu
schaffen. Auch unsere Gemeinschaft muß fest wie ein Felsen sein,
weil sie viele Feinde hat.

Olivia, die vor kurzem ihre Tochter Olguita verlor: – Und der
größte Feind ist der Tod, aber Jesus sagt, daß nicht einmal der Tod
Macht haben wird. Das bedeutet nicht, daß keiner von uns sterben
würde; jeder stirbt als Individuum den physischen Tod, aber als
Gemeinschaft sterben wir nicht, weil wir mit ihm vereint sind. Er
hat den Tod überwunden, er ist auferstanden. Darum wird nicht
einmal der Tod unserer Gemeinschaft etwas anhaben können.

William: – Und wenn es der Tod nicht kann, dann erst recht nicht
die anderen Feinde, die auch Verbündete des Todes sind.

*Ich will dir die Schlüssel des Himmelreichs geben, und alles, was du
hier auf Erden binden wirst, soll auch im Himmel gebunden sein,
und was du auf Erden lösen wirst, soll auch im Himmel gelöst sein.*

Ich sage: – So wie er vorher von den »Pforten« des Todes sprach,
so spricht er auch vom Gottesreich wie von einer befestigten Stadt
und übergibt Petrus die Schlüssel ihrer Tore. Das Reich Gottes ist
etwas anderes als die Kirche oder die Gemeinschaft, von der er vorher gesprochen hatte, sondern diese Gemeinschaft ist dazu da, dieses

Reich vorzubereiten. Was Petrus unter den Menschen bindet oder löst, wird »im Himmel«, das heißt »vor Gott«, bestätigt werden. Wir wissen, daß Matthäus sehr oft das Wort Himmel gebraucht, um nicht den Namen Gottes auszusprechen.

Manuel: – Das heißt, daß der heilige Petrus nicht die Schlüssel für die Himmelstore hat ... Die Schlüssel des Himmels, das sind die Schlüssel zur zukünftigen Gesellschaft der Menschen.

Rebeca: – Die Schlüssel sind die Liebe. Denn wer liebt, der wird eintreten, und wer nicht liebt, der wird nicht eintreten. Es sind nicht Schlüssel, mit denen er nach Belieben jemand herein läßt oder nicht.

Olivia: – Daß er ihm die Schlüssel gibt, bedeutet, daß er ihm eine große Verantwortung gibt, eine Verpflichtung dem Volk und den Menschen gegenüber.

Manuel: – Er gibt Petrus Macht. Und diese gleiche Macht gibt er auch den Bischöfen und Priestern und allen Führern der Kirche. Mit dieser Macht verurteilen sie jetzt in vielen Teilen der Welt die Herrschaft der Kapitalisten. Da sie jetzt sehen, daß viele Menschen wegen dieser Kapitalisten sterben, verteidigen sie die Ausgebeuteten des Volkes. Und wir, das ganze Volk, sollen diese Macht unterstützen, das heißt immer, wenn sie auf der Seite des Volkes steht, denn sie spricht im Namen Gottes.

Ein anderer junger Mann sagt: – Und wenn einer der Führer der Revolution hier in Nicaragua spricht, sollen wir ihn ebenfalls unterstützen, weil auch die Führer der Revolution die Wahrheit sagen. Auch sie sprechen im Namen Gottes.

Manuel: – Früher standen die Bischöfe und Priester nicht auf der Seite des Volkes. Erst seit fünf oder zehn Jahren (vielleicht ist das schon hochgegriffen) sprechen sie für das Volk. Und als sie noch auf seiten der Unterdrückung standen, gehörten sie nicht zur Gemeinschaft Christi, zu seiner Kirche. Aber jeder Wegbereiter der sozialen Veränderung, was dasselbe ist wie die Ankunft des Reiches Gottes, ist auch ein Vertreter der Kirche Christi.

Ich sage: – Die Kirche, die Christus auf dem Felsen Petrus gründete (vielleicht weil Petrus als Kämpfer einer nationalen Befreiungsbewegung einen festen messianischen Glauben hatte), war dazu bestimmt, das Reich Gottes zu schaffen. Aber dieses Reich würde nicht die Kirche sein, sondern darüber hinausgehen und die ganze Welt umfassen. Und der heilige Paulus sagt, am Ende werde Christus dieses Reich dem Vater übergeben, nachdem er alle »Herrschaft« und alle »Macht« zerstört habe (das heißt, wenn der Mensch vollkommen frei ist), und der letzte Feind, den es zu zerstören gelte, sei der Tod. Darum werden die »Pforten des Todes«, wie Christus es ausdrückt, sich nicht behaupten.

Und er befahl seinen Jüngern, sie sollten niemand sagen, daß er der Christus sei.

Oscar: – Vielleicht weil er nicht wollte, daß alle wie Lämmchen hinter ihm herlaufen sollten, sondern mit einem festen Glauben wie Petrus an ihn glauben. Sie sollten ihm nicht folgen, weil sie von anderen Menschen mitgerissen wurden.

Julio Guevara: – Er wollte also keine Propaganda.

Rebeca: – Er wollte, daß sie es so wie Petrus wüßten, weil Gott sie erleuchtet hatte, und nicht, weil die anderen sagten: »Der da ist Christus, der da ist Christus . . .«

Felipe: – Wenn Jesus sich gleich von Anfang an als Befreier der Armen zu erkennen gegeben hätte, hätten sie ihn sofort fertiggemacht.

Ich sage: – Sich als *Messias* oder »Gesalbter« (als König Israels) zu erklären war doppelt gefährlich: Vom Volke konnte es falsch ausgelegt werden, weil die jüdischen Nationalisten jener Zeit den Messias nur als König erwarteten, der sie von der römischen Herrschaft befreien sollte; das Reich Jesu war aber für die ganze Erde gedacht, und die Befreiung, die er brachte, war die Befreiung von aller Macht und Herrschaft, selbst von der Herrschaft des Todes. (Darum wich er immer aus, wenn sie ihn zum König ausrufen wollten.) Und von seiten der Obrigkeit hätte es ihm den Tod eingebracht. Tatsächlich wurde er später aus eben diesem Grunde verurteilt. Pilatus befahl, sein Verbrechen (ein politisches Verbrechen) auf das Kreuz zu schreiben: Er erklärte sich zum König der Juden.

Einer sagt: – Das von Jesus zu sagen kann auch heute noch gefährlich sein.

Das Salz der Erde und das Licht der Welt

(Matthäus 5, 13–14)

Wir sind in der Kirche versammelt, in der Sonntagsmesse. Wir besprechen jetzt eine sehr kurze Stelle, die nur aus zwei Versen besteht.

Ihr seid das Salz der Erde. Wenn das Salz aber kraftlos wird, womit soll man salzen? Es taugt zu nichts anderem mehr als weggeworfen und von den Leuten zertreten zu werden.

Adán: – Jesus wählt dieses Beispiel, weil das Salz bei keinem Essen fehlen darf. Ein Essen ohne Salz hat keinen Geschmack. Wir müssen der Welt Geschmack geben.

Julio: – Indem wir sie befreien. Denn eine Welt voller Ungerechtigkeit ist fade. Vor allem für die Armen hat das Leben so keinen Geschmack.

Marcelino: – Eine kleine Prise Salz ist schon genug, denn es ist stark. Man streut ein bißchen. Und so können auch wir, obwohl wir nur wenige sind, der Welt Geschmack geben.

Einer von den Altamiranos, die alle Fischer sind und auf der Insel La Venada wohnen: – Das Salz dient auch zum Konservieren der Nahrungsmittel. Ein Schwertfisch zum Beispiel oder ein Sábalo ... Man legt sie in Salz, damit sie sich halten.

Doña Adela mit ihrer dünnen Altfrauenstimme: – Wir sind das Salz der Erde. Wir sind dazu da, damit die Welt nicht verfault.

Oscar: – Wir sind manchmal aber auch Salz, das einen Dreck salzt. So ein Christentum muß weggeworfen werden, weil es eher schädlich ist.

Olivia: – Mir scheint, es ist viel Salz verlorengegangen, als die Christen, anstatt die Gerechtigkeit auf der Erde zu erhalten, zuließen, daß sich die Ungerechtigkeit verbreitete, so wie es jetzt in der kapitalistischen Gesellschaft geschieht. Wir Christen waren dazu da, das zu verhindern, aber wir haben es nicht verhindert. Wir Christen haben uns eher auf die Seite der Ungerechtigkeit, auf die Seite des Kapitalismus gestellt. Wir haben uns auf die Seite des Egoismus gestellt, und so sind wir ein Salz gewesen, das nichts taugte.

Felipe: – Das Christentum, das aufgehört hat, christlich zu sein – das ist das Salz, das nicht mehr salzt.

Laureano: – Das Christentum, das aufgehört hat, revolutionär zu sein, das seinen Geschmack verlor.

Ich sage: – Als ich einmal in Kuba die Messe las, war das Evangelium des entsprechenden Sonntags diese Geschichte von dem Salz, und ich sagte in meiner Predigt, genau dies sei mit dem Christentum in Kuba geschehen: es war das Salz, das nicht mehr salzte und das deshalb weggeworfen und von den Menschen zertreten wurde, weil Gott kein Interesse daran hatte, eine solche Kirche zu erhalten.

Elbis: – Mir scheint, vielen von den heutigen Christen fehlt dieser christliche Geschmack; sie sind simpel und fade. Nur die, die für eine gerechte Gesellschaft kämpfen, haben diesen Geschmack nach Salz.

Oscar: – Ernesto, ich möchte eine Frage stellen. Warum wird hier bei uns das Salz auch als ein Fluch angesehen? Wenn jemand kein Glück hat, sagt man zu ihm: »Du bist versalzen.«

Ich sage zu Oscar, ich wüßte es nicht. Vielleicht komme es daher, daß im Altertum die Eroberer, die eine Gegend verheeren wollten, Salz auf die Felder streuten, so wie die Nordamerikaner heute Chemikalien zur Entblätterung der Bäume abwerfen. Jesus sprach vom Salz nicht als von etwas Schädlichem, sondern als von etwas Gutem. Aber das Salz und alle anderen Dinge der Erde können zum Guten oder zum Schlechten, zum Segen oder zum Fluch benutzt werden ... Im Evangelium des heiligen Markus steht ein anderer Satz von Jesus über das Salz: »Habt Salz in euch und lebt in Frieden miteinander.« Ich frage, ob jemand etwas dazu zu sagen habe.

Pancho: – Ich habe mir schon immer den Kopf darüber zerbrochen. Ich wollte dich gerade deswegen fragen. Gut, daß dieser Satz hier zur Sprache kommt, so bekomme ich endlich eine Erklärung darüber zu hören.

Olivia: – Es heißt soviel wie »Habt Liebe in euch«.

Marcelino: – Ich glaube, das Salz ist das Evangelium, das uns gegeben worden ist, damit wir danach handeln und es anderen weitergeben. Wir geben es weiter, indem wir unseren Nächsten lieben, damit alle anderen auch lieben. Denn das Salz ist etwas, das man keinem verweigert, genau wie das Brot. Wenn jemand sehr geizig ist, sagt man: »Er gibt nicht einmal das Salz für die Suppe.« Darum sagt Jesus: »Habt Salz in euch.« Das bedeutet, wenn alle die gleiche

Liebe haben, wird alles unter allen verteilt, und alle werden gleich sein und einig und in Frieden leben.

Pancho: – Will Jesus nicht vielleicht damit sagen, daß wir trotz der Sünde und der Ungerechtigkeit, die es immer geben wird, das heißt trotz des Salzes oder des Unglücks, das einigen von uns zufällt, in Frieden miteinander leben sollen? Reiche und Arme?

Laureano antwortet schnell: – Wie kann man in Frieden leben, wenn die einen den anderen Schaden zufügen?

Silvio, der Sohn Don Fidelmos, des reichsten Kaufmanns von San Carlos, ist heute in der Messe und sagt: – Nur mit Liebe kann Frieden herrschen.

Olivia: – »Habt Liebe« bedeutet dasselbe wie »Habt Salz«.

Manuel: – Ja, denn wer kein Salz hat, verdirbt.

Ihr seid das Licht der Welt. Eine Stadt, die auf einem Berg steht, kann sich nicht verbergen.

Félix Mayorga: – Vielleicht sind das Licht die guten Menschen, die, die ihren Nächsten lieben. Jeder Mensch, der eine gute Gesinnung hat, der seinen Nächsten liebt, ist wie ein Licht für das ganze Volk. Er gibt ein Beispiel, und die Leute folgen ihm, wie man einem folgt, der ein Licht trägt, das im Dunkeln leuchtet. Oder stellen wir uns vor, wir haben uns im Dunkeln verlaufen, und es taucht plötzlich ein Licht vor uns auf. Wer den Weg verloren hat, sucht immer irgendein Licht.

Marcelino: – Eine erleuchtete Stadt, die auf einem Berg steht, kann man von weitem sehen, so wie man die Lichter von San Miguelito von weitem sehen kann, wenn man nachts auf dem See fährt. Eine Stadt ist eine Vereinigung von Menschen, und da viele Häuser zusammenstehen, sieht man viele Lichter. So wird auch unsere Gemeinschaft sein, wenn sie durch die Liebe vereint ist, auch wenn wir keine Häuser wie in der Stadt haben, sondern nur Hütten, die eine hier, die andere dort. Aber vielleicht werden wir später ein richtiges Dorf sein und elektrisches Licht haben, und wenn einer in einem Boot vorbeifährt, wird er unsere Lichter sehen. Sie werden bis nach San Miguelito, nach Papaturro und San Carlos leuchten. Was aber am meisten leuchten wird, ist die Eintracht und die Liebe.

Jesus stillt den Sturm

(Markus 4, 35–41)

An diesen Februartagen ist es sehr stürmisch bei uns, und von der Kirche aus, in der wir versammelt sind, hören wir das kräftige Brausen des Sees. Das Evangelium dieses Sonntags ist hochaktuell für uns, weil Ivan, Bosco und ihre Mutter vor drei Tagen Schiffbruch erlitten. Sie lagen über zwei Stunden im Wasser und hielten sich am umgekippten Boot fest, bis sie gerettet wurden. Das Boot fanden wir heute morgen in der Nähe von Tomás Peñas Hütte.
Wir lesen, wie Jesus seinen Jüngern eines Abends sagte, sie sollten ihn im Boot ans andere Ufer bringen. Gleichzeitig mit ihnen überquerten noch andere Boote den See.

Und es erhob sich ein großer Wirbelwind und die Wellen drangen in das Boot und das Boot füllte sich mit Wasser. Jesus schlief hinten im Schiff auf einem Kissen; und sie weckten ihn auf und sprachen zu ihm: Meister, kümmert es dich nicht, daß wir untergehen? Da stand Jesus auf und gebot dem Wind und sprach zu dem See: Schweig und sei still! Und der Wind legte sich, und es entstand eine große Stille.

Ich sage als Einleitung: – Ich habe gelesen, daß die Stürme im See von Galiläa genau wie in unserem See von Nicaragua sehr kräftig sind, sich aber bald wieder legen. Nach den Worten des Evangeliums hatte Jesus den ganzen Tag über von einem Boot aus gepredigt. Wahrscheinlich fuhren sie in diesem gleichen Boot ans andere Ufer; die anderen Boote gehörten sicherlich den Leuten, die ihm zugehört hatten und die nun nach Hause zurückkehrten. Markus sagt, daß es bereits Nacht war. Wir können uns vorstellen, daß Jesus sehr müde war, deshalb schlief er trotz des Sturmes ein.
Einer der Jungen sagt: – Wahrscheinlich waren es alte Boote, schlecht abgedichtete Boote von armen Leuten ...
Und ein anderer: – Wie das Boot von Cosme Canales. (Alle lachen.)
Natalia: – Der Glaube ist das Wichtigste. Ich denke an diesen Schiffbruch vom Donnerstag: Die Angst, die diese Frau ausgestan-

den haben muß, als die Wellen immer höher schlugen! Ich glaube, sie kann nicht einmal schwimmen, so wie ich auch nicht schwimmen kann, obwohl ich doch von hier bin. Es muß schrecklich sein, nicht wahr, mitten auf dem See ins Wasser zu fallen, ohne schwimmen zu können, und schlimmer noch, wenn man dick ist, aber auch wenn man dünn ist . . . Man muß schon einen großen Glauben haben. Wie diese Frau, die sicher auch einen großen Glauben hatte. Sicherlich betete sie zu Gott, schon bevor sie in das Boot stieg. Schon einmal erlitt eine Frau an der gleichen Stelle Schiffbruch, weil die Strömung dort so stark ist, und sie konnte auch nicht schwimmen und hielt ihr kleines Mädchen im Arm. Später erzählte sie, sie hätte die ganze Zeit gebetet. Sie sagte: »Stellen Sie sich vor, Doña Natalia, ich mit meinem kleinen Mädchen im Arm, und ich konnte doch nicht schwimmen, und ich schwamm auch nicht, aber sehen Sie, ich war wie ein Papierchen, wie ein Federchen, ich ging mit meiner Tochter nicht unter . . .« Zwei Männer drehten das Boot wieder um und hoben sie hinein, und sie sagte, sie habe ungefähr eine Stunde mit dem Kind im Wasser gelegen und sei doch nicht untergegangen.

Eins der Guevara-Mädchen: – Die Jünger hatten dagegen keinen Glauben, obwohl Jesus in ihrem Boot war. Er schlief zwar, aber es hätte sie doch beruhigen können, Jesus in ihrem Boot zu haben.

Don Tomás: – Sicher glaubten sie, daß er fast wie einer von ihnen war. So kann es gewesen sein. Ihr Mangel an Glaube bestand darin, daß sie Angst hatten. Dann stillte Jesus das Unwetter und beruhigte den See, um ihnen zu zeigen, daß sie sich mit ihm nicht zu fürchten brauchten. Und so müssen wir auch Vertrauen in uns alle zusammen haben, denn in einer Gemeinschaft wohnt Gott. Und mit diesem Glauben können wir erreichen, daß auf der Welt alles besser wird, weil er bei uns ist, so wie er in diesem Boot war, wenn es auch so aussieht, als ob er schliefe, und wir nicht spüren, daß er bei uns ist. Es scheint, daß er schläft, aber er schläft nie.

Elbis: – Ich halte den Glauben für sehr wichtig: den Glauben, daß wir diese Welt, in der wir leben, ändern können. Wer keinen Glauben hat, ist aufgeschmissen, er hofft nichts und glaubt nichts, und man kann nichts mit ihm anfangen.

Tomás: – So ging es den Jüngern, sie waren völlig verloren.

Oscar: – Als Jesus erwachte und den Sturm sah, wurde er zornig. Ich glaube, der Zorn kam davon, daß seine Jünger zweifelten, obwohl er doch bei ihnen war. In ihrer Not weckten sie ihn. Sie hatten Angst, aber keinen Glauben. Da beruhigte er den Sturm und zeigte ihnen so die Macht, die er hatte. Damit sie nicht zweifeln sollten, egal ob er nun wach war oder schlief.

Bosco: – Ich glaube, es ist der Glaube, der einen rettet. Ich lag da im Wasser und wußte, daß der See tief war, aber ich glaubte an Gott. »Ich werde doch nicht hier wie ein Dummkopf ertrinken, vollkommen unnütz, ohne mein Leben für irgend etwas darzubringen«, sagte ich mir. Und so hielt ich mich mit Glauben und nochmals mit Glauben über Wasser, bis plötzlich das Boot von Euduviges kam. Ich hatte es wegen der hohen Wellen nicht kommen sehen, bis es ganz nah bei uns war. Aber ich verlor nicht den Glauben. Ich sagte zu Gott, wenn ich zu gar nichts anderem taugen sollte, würde es mir nichts ausmachen zu ertrinken, aber wenn ich für irgend etwas nützlich sein könnte, müßte er mich retten. Ich sagte: »Verflucht, wenn ich für irgend etwas nützlich sein kann, Gott, dann hol mich hier raus!« Und meine Mutter sagte ganz erschrocken: »Du fluchst.«

Doña Chalía, Boscos Mutter, sagt gar nichts; sie wischt sich nur ein paar Tränen aus den Augen.

Bosco fährt fort: – Es war etwas ganz anderes, im Boot zu sitzen, als im Wasser zu liegen. Wenn du im Wasser liegst und dich der Verzweiflung hingibst, ertrinkst du. Wenn du im Wasser liegst und den Glauben verlierst, bist du futsch.

Der junge Iván: – Jesus wachte über uns, auch wenn wir ihn nicht sahen. Er flößte uns Mut ein. Und schließlich rettete er uns durch Euduviges.

Oscar sagt zu ihm: – Er war bei euch, wie er bei diesen Jüngern war. Die Jünger glaubten, daß er nichts tat, aber sie waren doch beschützt.

Iván: – Aber in unserem Fall scheint er noch fester geschlafen zu haben als damals bei den Jüngern ... (Wir lachen alle.)

Chepe, Iváns Schwager: – Ich glaube, Jesus schlief ein, um seinen Jüngern zu zeigen, wie sie handeln sollten, wenn er nicht mehr bei ihnen wäre.

Ein anderer fügt hinzu: – Wenn er später, nach seinem Tod, endgültig nicht mehr bei ihnen wäre.

Und Alejandro: – Ich bin mit Chepe einverstanden, und das kann man heute auf viele Fälle anwenden, die nichts mehr mit Booten oder Wellen zu tun haben, sondern mit anderen Stürmen, die wir erleben. Der Mangel an Liebe auf der Welt ist der stürmische See. Natürlich können wir Schiffbruch oder sonst ein Unglück erleiden;

der Glaube besteht darin, daß wir Vertrauen zu Christus haben, der mit uns auf dem stürmischen See fährt. Genauso könnte man auch sagen, der Glaube besteht darin, auf seine Kameraden zu vertrauen.

Felipe, der heute morgen das gestrandete Boot fand: – Diesen Glauben hat heute fast die ganze Jugend. Es ist der Glaube an eine Veränderung, der Glaube an die Revolution. Es ist der Glaube daran, daß die Welt sich durch die Liebe ändern kann, daß das Schlechte gut werden kann, daß die stürmischen Wellen sich beruhigen können.

Alejandro: – Auf Solentiname angewendet bedeutet das: Wir werden einer Frau, deren Kind an Malaria erkrankt ist, nicht sagen, sie solle nur Gottvertrauen haben, und ihr Kind werde nicht sterben. Denn der Glaube an Gott ist auch der Glaube an die Menschen, und dieser Glaube kann das Kind heilen.

Die Mutter Alejandros: – Die größten Übel der Menschheit entstehen aus unserem Mangel an Liebe. Gott beseitigt sie nicht persönlich, sondern mit Hilfe der Liebe der Menschen. Wir haben uns früher mit einem Glauben an einen Jesus im Himmel begnügt. Aber das ist nicht der Jesus, der im Sturm dabei ist, der hier bei uns ist in der Person des anderen, in der Person des Herrn X und der Frau Y, der Jesus, der im Volk ist, auch wenn es so aussieht, als ob er schläft.

Da sprach Jesus zu seinen Jüngern: Warum habt ihr so viel Angst? Warum habt ihr keinen Glauben? Sie waren sehr erschrocken und sprachen untereinander: Wer ist dieser, dem selbst der Wind und das Meer gehorchen?

Tomás: – Ihnen fehlte noch der Glaube. Obwohl sie sahen, was er tat, glaubten sie an irgend etwas anderes, aber nicht an ihn.

Mariíta: – Er tadelte sie wegen ihrer Angst und weil sie keinen Glauben hatten. Glauben haben heißt soviel wie keine Angst haben; es heißt nicht, zu glauben, daß einem kein Unglück zustoßen kann.

Tomás: – Hätten sie Glauben gehabt, wären sie ganz ruhig sitzengeblieben, nicht wahr? Es ist klar, daß sie über Jesus nicht Bescheid wußten; sie glaubten nicht, daß dieser Mann Jesus Christus war.

Oscar: – Ich glaube, Ernesto, daß diese Jünger dort dümmer waren als wir. Denn sie waren bei ihm und sahen ihn und zweifelten immer noch, während wir ihn nicht sehen. Wir sehen uns nur gegenseitig, das heißt, wir sehen ihn in den anderen. Aber wir zweifeln nicht an ihm. Verdammt noch mal! Ich glaube, diese Jünger waren große Dummköpfe.

Ich sage: – Wir sehen auch viele Wunder oder Zeichen (»Wunder« bedeutet »Zeichen«), die Jesus im Laufe der Geschichte tat, alle die Veränderungen, die sein Wort hervorbrachte, und doch zweifeln wir oft daran, daß die Welt verändert werden kann, daß die Winde und Wellen der Geschichte besänftigt werden können.

– Das ist wahr! – ruft Oscar aus.

Und gleichzeitig sagt Tomás: – Das können wir schaffen, wenn wir wollen, nicht wahr?

Laureano: – Die Jünger hätten dasselbe tun können, was Jesus tat. Deshalb tadelte er sie. Denn ich glaube, auch wir haben die Macht, Wunder zu vollbringen.

Ich sage: – Das bringt mir einen Satz ins Gedächtnis, den ich in Havanna in der Rede Fidel Castros vom 26. Juli hörte: »Die Wunder vollbringt immer das Volk.« Das hört sich vielleicht atheistisch an, ist es aber nicht.

Andere sagen:

– Vielleicht bedeutet das nicht unbedingt, daß die Jünger dem Wind Befehle geben sollten. Sie sollten nur mehr Selbstvertrauen haben, da sie schließlich erfahrene Seeleute waren.

– Nicht nur Selbstvertrauen, sondern vor allem Vertrauen auf ihre Aufgabe, die Jesus ihnen ja schon erklärt hatte. Sie hätten nicht so unlogisch sein dürfen, zu denken, sie und er könnten in diesem Boot ums Leben kommen, wo sie doch diese gemeinsame Aufgabe hatten. Jesus hatte ihnen gesagt: »Fahren wir ans andere Ufer.« Sie wollten die Botschaft vom Reich Gottes am anderen Ufer predigen, und Angst zu haben war ein Mangel an Glauben an dieses Reich.

– Sie waren nicht sicher, daß sie mit dem wirklichen Gottesmenschen zusammen waren. Daß er der wahrhaftige Messias war.

– Ich meine, der Glaube bedeutet nicht, daß wir Christus kennen oder nicht kennen, sondern daß wir an die Möglichkeit einer Veränderung der Welt glauben. Oder an die Liebe, was dasselbe ist. Glauben bedeutet nicht, daß wir Gott kennen, denn wer kennt schon Gott?

Ich: – Wer seinen Nächsten liebt, der kennt Gott. Und das muß nicht unbedingt ein Christ sein.

– Der Christ, der nicht an die Veränderung der Welt glaubt, ist ein Christ ohne Glauben.

Oscar: – Die Hauptsache ist, sich einig zu sein; einig vollbringen wir viele Wunder.

Ein anderer: – Viel Unglück der Menschen ist auf die Menschen selbst zurückzuführen, sogar manche Schiffbrüche, wie zum Beispiel der Untergang der »Maria Guadalupe«, die unterging, weil der Kapitän das Schiff überladen hatte. Und nicht zu reden von all den Krankheiten, die eigentlich heilbar sind und doch nicht geheilt werden! Das alles haben wir nicht Gott, sondern den Menschen zuzuschreiben.

Tomás: – Uns selber.

Ich: – Uns selbst oder anderen, nicht wahr?

Felipe, Tomás' Sohn: – Hauptsächlich anderen!

Tomás, ruhig: – Allen. Denn wenn wir nicht reden, verstehen die anderen nicht, worum es geht. Ehe das Volk nicht versteht, wird es die Dinge hinnehmen. Deshalb muß man das alles auch uns zuschreiben.

Adán: – Ich glaube, heute glauben viele Leute an überhaupt nichts. Fast die Mehrheit. Selbst die Frömmsten glauben nicht, sie sind in Wirklichkeit vollkommen ungläubig, wie ich gesehen habe. Sie sagen, eine Veränderung wäre unmöglich. Und viele reden dagegen. Sie haben keinen Glauben.

Oscar: – Diese Veränderung der Menschen wird durch die Menschen selbst geschehen. Gott rettete unsere Schiffbrüchigen durch das Boot Euduviges, das plötzlich dort vorbeifuhr.

Elbis: – Dann wird mit unserer Gesellschaft dasselbe geschehen wie damals auf dem See: Der Wind legte sich, und es entstand eine große Stille.

Tomás: – Die Angst nahm ein Ende, und alle fühlten sich befreit.

Ich mache eine Bemerkung, die ich einmal in einem theologischen Aufsatz gelesen habe: – Die Worte Jesu »Warum habt ihr so viel Angst?« seien an dieser Stelle fehl am Platz, da die Jünger keinen Grund mehr hatten, sich zu fürchten, nachdem der Sturm schon vorbei war. Diese Worte scheinen also nicht von Jesus zu stammen, sondern viel später von anderen Jüngern ausgesprochen worden zu sein, Jüngern einer verfolgten christlichen Gemeinde, die das Evangelium genauso hörte und besprach, wie wir es jetzt hören und besprechen. Sie bezogen diese Berichte auf ihre damalige Lage und paßten sie den neuen Umständen an, genau wie wir es hier auch tun. So wurden ihre Kommentare manchmal zu einem Teil des Evangeliums. In diesem Fall scheint es sich um ein Gemeindemitglied zu handeln, das die anderen ermuntert, keine Angst zu haben. Wir wissen nicht genau, was tatsächlich auf dem See geschah, weil diese Berichte durch die Kommentare der ersten Gemeinden verändert wurden. Zweifellos geschah einmal etwas mit Jesus auf einem See, als er in einem Boot fuhr. Es gibt sehr realistische Einzelheiten, die sich dem Gedächtnis des Augenzeugen einprägten: daß Jesus im Heck des Schiffes auf einem Kissen schlief (vielleicht auf ein paar Tauen?) und daß auch andere Boote mitfuhren. Vielleicht gab es wirklich einen Sturm, und er wird die Jünger in ihrer großen Angst beruhigt haben. Aber dieser dramatische Bericht über die sofortige Beruhigung des Sturmes ist für eine kleine erschrockene Gemeinde gedacht, und die Worte Jesu waren dazu da, ihnen die Angst zu nehmen. Das ist das wirklich Wichtige an diesem Evangelium, nicht das, was einmal auf einem stürmischen See in Galiläa geschah.

Bosco: – Wir fahren jetzt auch in diesem Boot. Die Unterdrückung ist der Wellengang, nicht wahr? Aber wir können uns sicher fühlen, denn Jesus ist mit uns im Boot, wenn er auch hinten auf einem Kissen schläft.

Cosme, der Bootsmann: – Wir machen jetzt einen Sturm von Ungerechtigkeiten durch. Die Ungleichheit, das sind die Wellen, die auf und ab gehen.

Tomás: – Unser Boot füllt sich mit Wasser, und wir können das Wasser nicht ausschöpfen. Aber dann müssen wir uns an Jesus wenden, das bedeutet, uns vereinen. Wenn wir uns alle vereinen und sagen: »Laßt uns dies oder jenes tun«, dann schaffen wir es, dann bringen wir alles fertig. Aber wenn ich etwas sage, und du sagst etwas anderes und ein anderer wieder etwas anderes, dann bringen wir nichts fertig. Wenn wir uns alle einig sind, irgendeine Arbeit zu tun, wird sie schnell fertig, ganz gleich, um was es sich handelt. Denn wenn wir alle eins sind, ist Jesus in unserer Mitte und vollbringt das Wunder. Wäre er nicht mitten unter uns, würden wir hier gar nichts tun. Wir würden noch nicht einmal hier zusammenkommen, und niemand würde reden. Oft kann einer wegen der Arbeit nicht kommen oder weil er kein Boot hat, aber immer spürt man den Wunsch, zusammenzukommen. Wenn nicht, dann glaubt man auch nicht an Christus und hat kein Vertrauen zu ihm.

Felipe: – Der Sturm, das sind die Angriffe der Feinde auf die Botschaft des Evangeliums. Davor dürfen wir keine Angst haben. Das sagt Jesus uns heute genauso wie damals den Jüngern, die mit ihm in einem Boot saßen.

Olivia: – Er ist immer dort, wo Menschen eine Gemeinschaft bilden. Das Boot ist die Gemeinschaft.

Wer nicht gegen uns ist, der ist für uns

(Lukas 9, 49–50)

Johannes sagte zu Jesus: Meister, wir haben einen gesehen, der in deinem Namen böse Geister austreibt, und wir verboten es ihm, weil er dir nicht mit uns nachfolgt. Aber Jesus antwortete: Verbietet es ihm nicht, denn wer nicht gegen uns ist, der ist für uns.

Alejo: – Das ist hochaktuell, denn heute gibt es viele, die keine Christen sind oder sich wenigstens nicht so nennen und doch große soziale Werke tun, große Revolutionen oder große Wunder, wie man auch sagen könnte. Und uns Christen ist tausendmal gesagt worden, wir sollten uns mit denen nicht zusammentun. Hier sagt Christus, alle, die für ihre Mitmenschen arbeiten, gehören zu uns, zu den Christen.

Seine Mutter fügt hinzu: – Wer sich hier nicht wie ein Christ benimmt, das sind die Jünger, die diesen Mann, der nur Gutes tut, zurückstoßen.

Und ich: – Das Evangelium sagt uns hier, es sei nicht wichtig, ob einer Christ ist oder nicht; auch dieser Nicht-Christ könne zu uns gehören, weil die Sache der Christen die Sache des Nächsten ist.

William: – Dagegen gibt es andere, die tatsächlich gegen uns sind. Es gibt sogar welche, die sich als Jünger Christi ausgeben und doch nichts Gutes für ihre Mitmenschen tun oder sie sogar ausbeuten. Andere dagegen nennen sich nicht Christen und tun doch etwas für ihre Mitmenschen.

Ein anderer: – Und andere richten nur Schaden an, wenn sie etwas Gutes tun. So wie dieser Spion von der Sicherheitspolizei, der sich als Lehrer ausgab und mit der Caritas zusammenarbeitete und scheinbar nur Gutes tat. Den mußten wir schließlich an seinen »guten Taten« hindern. Obwohl er sich als Christ ausgab, mußten wir ihn hindern, weiter Gutes zu tun.

Felipe: – Dieser Mann, von dem das Evangelium spricht, war in Wirklichkeit doch ein Christ, denn er trieb die bösen Geister ja im Namen Jesu aus. So war er in Wirklichkeit doch ein Jünger Jesu.

Ich: – Offiziell war er es nicht, da Johannes zu Jesus sagte, gerade weil er nicht sein Jünger war, hätten sie ihm seine Aktivitäten verboten.

Elbis: – Also, er gehörte nicht zu der Gruppe, aber er tat das gleiche, was auch Jesus tat, und das ist es, worauf es ankommt.

Marcelino: – Auf jeden Fall glaubte er an Jesus, da er in seinem Namen wirkte ...

Laureano: – Ich glaube, er war doch ein Jünger Jesu, sozusagen ein versprengter Jünger. Die anderen Jünger wußten das nicht, aber Jesus wußte es. Und weil er ein Jünger Jesu war, konnte er auch Wunder tun. Ich glaube, heute gibt es eine ganze Menge von solchen Leuten, aber die Christen wissen nicht, daß sie auch Jünger Jesu sind.

Pancho: – Die Kommunisten? Die tun ihre guten Werke aber nicht im Namen Jesu ...

– Sie tun sie im Namen der Befreiung – unterbricht ihn Laureano – und das ist in Wirklichkeit dasselbe.

– ... sondern sie sind gegen Jesus – beendet Pancho seinen Satz.

Laureano: – Wenn sie nicht gegen die Armen sind, sind sie nicht gegen Jesus.

Olivia: – Ich möchte gern wissen, warum die Jünger gegen diesen Mann waren, der doch nur Gutes tat. Vielleicht, weil er nicht in die Kirche ging ...? Aber er kämpfte gegen das Böse, er trieb Teufel aus. Es gibt nur das Gute und das Böse, und dieser Mann tat das Gute, was heißt, daß er auf der Seite Jesu stand. Ich sehe da keinen Grund, warum sich die Jünger gegen ihn stellten ...

Tomás Peña, sich an mich wendend: – Was war es, das Jesus den Jüngern sagte? Lies es noch einmal ...

Ich lese:

Verbietet es ihm nicht, denn wer nicht gegen uns ist, der ist für uns.

Tomás: – Ja, das ist es, was ich sagen wollte! Es war also richtig, was er tat. Er war für sie, das heißt für die ganze Gemeinschaft. Jesus ist auch für uns, für die ganze Gemeinschaft. So war es also richtig, was dieser Mann tat, und das sagt Jesus ihnen ja auch. Wenn einer für die Gemeinschaft ist, ist er auch für Gott. Und wer nicht für das Böse ist, ist für uns, für die Gemeinschaft.

Eine Kusine der Guevara-Mädchen, die bei ihnen zu Besuch ist: – Und warum gehörte dieser Mann nicht zu Jesus? Wollte er nicht Mitglied seiner Gruppe werden? Das mußte doch einen Grund haben ...

Ich: – Wer weiß . . . er wird wohl seine Gründe gehabt haben, und Jesus respektiert diese Gründe.

Tomás: – Wir könnten auch sagen, Ernesto, daß dieser Mann, der ohne ein Christ zu sein, den Teufel oder sogar viele Teufel austreibt, uns die Lehre gibt, daß jeder Beliebige von uns genau dasselbe tun könnte, wenn er nur fest an Gott glaubt.

Laureano: – Wenn er glaubt, und auch, wenn er nicht glaubt . . .

Felipe, Tomás' Sohn: – Die Gemeinschaft mit den Menschen, das ist es, was uns mit Jesus vereint, eine Gemeinschaft ohne Ausbeutung (auch ohne Ausbeutung unter uns selbst, den heutigen Jüngern, denn auch wir sollen uns nicht gegenseitig ausbeuten).

Ich sage: – Es ist möglich, daß dieser Mann irgendeinen Kranken geheilt hatte. Das Evangelium macht keinen großen Unterschied zwischen von Teufeln Besessenen und Kranken. Wir kennen zum Beispiel den Fall eines »Besessenen«, den Matthäus »Epileptiker« nennt, und diesen anderen Fall einer buckligen Frau, von der Jesus sagt, sie sei »vom Teufel gebunden« gewesen. Und wie heilte dieser Mann wohl im Namen Jesu? Ich glaube, indem er einfach das tat, was Jesus auch tat.

Elbis: – Jesus teilt die Menschen nicht in Christen und Nicht-Christen ein. Er sagt nur, wer den Teufel austreibt, das heißt, wer das Böse aus dieser Welt austreibt, der ist für uns, für unsere Gemeinschaft.

Alejandro: – Jedenfalls zeigt uns Jesus hier, daß seine Kirche sehr groß ist . . .

Jesus und die Samariterin

(Johannes 4, 1–42)

Gib mir zu trinken. Die Samariterin antwortete: Wie bittest du, der du ein Jude bist, mich, die Samariterin, um Wasser?

Tomás: – Jesus bat die Frau um Wasser, aber ich glaube nicht, weil er Durst hatte, sondern weil er mit ihr ins Gespräch kommen wollte.

Laureano: – Auch die Tatsache, daß er mit einer Frau aus einem feindlichen Volk sprach, ist wichtig. Für Jesus gab es keine feindlichen Völker, weil er zu allen Völkern gehörte. Die Lehre, die wir daraus ziehen können, ist, daß es keinen Nationalismus geben soll.

Ich: – Jesus waren auch die religiösen Unterschiede gleichgültig. Der Grund dafür, daß die Juden nicht mit den Samaritern verkehrten, war, daß sie eine andere Religion hatten.

Oscar: – Es war also so, daß die Juden nichts mit den Samaritern zu tun haben wollten, darum wundert sich die Frau, daß Jesus mit ihr spricht und sie um Wasser bittet. Und je länger sie zusammen sprechen, um so mehr spürt sie, daß seine Worte ihr zu Herzen gehen. Darum faßt sie sofort Vertrauen, vielleicht ohne selbst genau zu wissen, warum.

Jesus antwortete ihr: Wenn du die Gabe Gottes erkenntest und wüßtest, wer es ist, der dich um Wasser bittet, so würdest du mich bitten, und ich würde dir zu trinken geben.

Der alte Tomás: – Diese Worte sind so tief wie ein Brunnen.

Oscar: – Spätestens da erkannte sie, daß es kein Feind war, der zu ihr sprach, weil er ihr genau das anbot, was sie brauchte: Liebe und Frieden.

Myriam: – Die Gabe Gottes ist die Liebe.

Teresita: – Auch Jesus selbst ist diese Gabe Gottes. Jesus sagt ihr, wenn sie wüßte, was Gott ihr anzubieten hat und mit wem sie spricht ... Die Gabe Gottes und der, der mit ihr spricht, ist das gleiche: Liebe.

Natalia: – Es kann sein, meine ich, daß dieses Wasser, das er ihr anbietet, die Vergebung der Sünde und die Befreiung von der Ungerechtigkeit ist.

Jesus antwortete: Wer von diesem Wasser trinkt, wird wieder Durst haben; wer aber von dem Wasser trinkt, das ich ihm gebe, den wird nie wieder dürsten.

Olivia: – Wahrscheinlich, weil der, der sündigt, von irgendeinem Wunsch dazu getrieben wird, also, weil er Durst hat, denn jeder Wunsch ist wie ein Durst. Und Jesus würde diesen Durst für immer stillen.

Alejandro, ihr Sohn: – Vielleicht hatte diese Frau auch eine große Liebesfähigkeit, die nie gestillt worden war. Sie hatte Durst nach Liebe, Durst zu lieben.

Oscar: – Ich glaube eher, daß sie nicht liebte, weil die Sünde keine Liebe ist. Sie hatte nie erlebt, was es mit der Liebe auf sich hat. Aber sie hatte Durst nach dieser Liebe, wie Alejandro sagt. Sie brauchte Liebe, wie ein Durstiger Wasser braucht. Sie liebte nicht, aber sie wollte geliebt werden und lieben.

William: – Ich glaube, wir müssen diesen Durst als den tiefen Durst aller menschlichen Wesen verstehen, der in erster Linie ein Durst nach Liebe ist, aber auch der Durst nach allem anderen, was der Mensch braucht, einschließlich aller seiner körperlichen Bedürfnisse, die auch einen Teil dieses Durstes bilden ...

Ich: – Einschließlich des materiellen Bedürfnisses nach wirklichem Wasser, nicht wahr? Wir spüren diesen Durst nicht, weil wir auf Inseln leben, die von Süßwasser umgeben sind, aber die Bewohner der Elendsviertel von Managua und von vielen anderen Städten haben diesen ganz materiellen Durst ...

Denn das Wasser, das ich ihm geben werde, wird in ihm zu einem Brunnen werden, der in das ewige Leben quillt.

Olivia: – Es heißt, das Wasser, das Jesus uns gibt, würde in uns zu einem quellenden Brunnen. Das heißt, er gibt es, aber es quillt in uns. Es ist das Leben Gottes, das er uns gibt, das heißt, die Liebe. Er nennt es ewiges Leben, weil er das Leben Gottes ist. Aber es quillt aus uns selbst; es ist kein Brackwasser, sondern eine Quelle, aus der das Leben fließt.

Elbis: – Alle, die für die Befreiung kämpfen, bringen das Wasser des Lebens in alle Teile der Welt, wie eine Quelle. Die Befreiung ist wie ein Fluß des Lebens für die ganze Menschheit, der schließlich in das ewige Leben mündet.

Da sagte die Frau zu ihm: Herr, gib mir von diesem Wasser, damit mich nie mehr dürstet und ich nicht mehr zu diesem Brunnen kommen muß, um zu schöpfen. Jesus antwortete: Rufe deinen Mann und komm her.

Tomás: – Sie dachte jetzt schon anders als vorher. Sie ist schon auf dem guten Weg. Wenn sie sich nicht verändert hätte, hätte sie ihn nicht um dieses Wasser gebeten. Aber sie sieht, daß Jesus sie glücklich machen kann.

Oscar: – Es ist eine sehr schöne Geschichte. Zuerst bittet er als Jude sie um Wasser, und dann bittet sie als Samariterin ihn, ihr zu trinken zu geben.

Roger: – Diese Frau hatte schon mehrere Enttäuschungen hinter sich. Sie hatte fünf verschiedene Männer gehabt, und der, den sie jetzt hat, ist auch nicht ihr richtiger Mann. Ihre Not war also ziemlich dringend. Sie hatte wirklich Durst nach Liebe. Nach einer Liebe, die sie für immer befriedigen würde.

Bosco: – Ist es nicht vielleicht so, daß sie immer noch an wirkliches Wasser denkt? Kann es nicht sein, daß sie dachte, Jesus wäre so eine Art Zauberer, der machen konnte, daß sie nicht immer Wasser holen mußte?

Ich sage: – Das ist sehr gut möglich, vor allem, wenn man die magische Mentalität der Menschen jener Zeit in Betracht zieht. Die Samariter hatten eine Religion, die sich aus verschiedenen heidnischen Religionen zusammensetzte. Sie glaubten an viele Mythen ... Aber auch heute gibt es noch viele Menschen, die das Evangelium mit dieser magischen Mentalität verstehen.

William: – Die Frau war es wahrscheinlich leid, jeden Tag zum Brunnen zu gehen und Wasser zu holen.

Olivia: – Diese Frau wollte vor allem ihr Problem mit dem Brunnen lösen. Und damit hatte sie natürlich recht. Aber wir müssen auch beachten, daß das nicht nur ihr Problem war, sondern auch das aller anderen Leute. Denn es wird wohl so gewesen sein, daß alle ihr Wasser von irgendeinem Brunnen holen mußten. Aber die Frau denkt nicht an die anderen, sondern nur an sich.

Ich: – Tatsächlich handelte es sich da um ein Problem der ganzen

Menschheit; vor allem waren es die Frauen, die jahrhundertelang die Aufgabe hatten, Wasser zu holen, und diese Frau hier war es endlich leid. Aber wie Olivia sagt, handelte es sich um ein soziales Problem. Heute ist es teilweise gelöst, obwohl es noch viele Orte gibt, wo es keineswegs gelöst ist. Auch hier in Solentiname müssen die Frauen oder Kinder noch immer Wasser holen. Die Gabe, die Jesus brachte, sollte alle Probleme der Menschheit lösen, einschließlich des Wasserproblems. Es ist möglich, daß es heute an der gleichen Stelle, an der Jesus an einem Brunnen um Wasser bat, eine Wasserleitung gibt, ein Resultat der fortschreitenden Zivilisation ...

Oscar: – Aber was nützt das, wenn man doch immer weiter Durst hat?

Felipe: – Ich glaube, wenn es keinen Durst keinerlei Art mehr geben soll, dann müssen auch Wasserleitungen in den Gewissen der Menschen gelegt werden.

Ich: – Was sagst du dazu, Oscar?

Oscar: – Recht hat er.

Ich: – Felipe meint, beides müsse Hand in Hand gehen, der materielle und der geistige Fortschritt. Aber wir können nicht von Liebe sprechen, solange es noch Frauen gibt, die sich mit Wassereimern abschleppen müssen oder die auf irgendeine andere Art versklavt sind. Frauen und auch Männer.

Olivia: – Es liegt nur an der fehlenden Liebe, wenn die Frauen noch immer versklavt sind. Wenn genug Liebe da ist, gibt es auch von allem anderen genug, sogar vom Wasser.

Oscar: – Aber ich meine, das einzige was man in den zivilisierten Teilen schon erreicht hat, ist, daß man keine Eimer mehr schleppen muß; der wirkliche Durst ist immer noch nicht gestillt, eben weil die Menschen noch nicht vereint sind. Oder vielleicht sind sie vereint, aber ohne Liebe, und an diesem Durst kann keine Wasserleitung etwas ändern.

Iván: – Aber Jesus hat sich doch gerade angeboten, ihn zu stillen ...

Oscar: – Natürlich, so wie Jesus redet ja, aber nicht wie die Leute von Wasserleitungen und Trinkwasser sprechen: da braucht es noch etwas mehr dazu.

Donald: – Jedenfalls ist es so, daß du, wenn du in einem ausgebeuteten Land lebst, das Wasser bezahlen mußt, jeden Tropfen Wasser, mit dem du dich wäschst. Und der Lohn reicht nicht einmal fürs Essen, und dann mußt du noch Wasser und Licht bezahlen ...

Oscar: – Das ist eben der Mist! Das System ist immer das gleiche. Auch wenn man das Wasser nicht mehr mit eigenen Händen herbeischleppen muß, bleibt die Ausbeutung doch immer die gleiche. Und gerade davon spricht Jesus.

Ich sage: – Oscar hat recht. An diesem Ort in Samarien kann es heute Wasserleitungen geben, aber damit ist die Sklaverei noch nicht abgeschafft, obwohl man heute nicht mehr von einem Sklavensystem spricht, sondern von einem kapitalistischen.

Bosco: – Die Antwort Jesu in dieser Geschichte ist schon ziemlich komisch: Als die Frau ihn um dieses Wasser bittet, damit sie es nicht mehr selbst vom Brunnen holen muß, sagte er: So, nun geh erst mal und hol deinen Mann.

– Vielleicht, weil der Mann ihr nicht beim Wasserholen half – sagt Teresita lächelnd.

Oscar: – Klar, Mensch. Man muß sich den Kanister auf die Schulter hieven und den Frauen helfen.

Nach einer Weile spricht er weiter: – Ich stelle mir vor, daß Jesus die Frau damit zum Sprechen bringen wollte. Indem sie die Wahrheit sagte, wurde ihr Durst schon ein bißchen gestillt. Also, indem sie antwortete, sie hätte keinen Mann. Sie spürte, daß es das war, was im Grunde an ihr zerrte, das war ihr Durst. Und dieser Durst machte sie fertig. Aber indem sie die Wahrheit sagte, wurde er schon ein bißchen gestillt, obwohl sie es noch nicht merkte.

Natalia: – Jesus sagte das, weil er wußte, daß sie keinen richtigen Mann hatte. Sie hatte es immer wieder versucht, sie war auf der Suche nach Liebe. Und jetzt war sie es leid, immer von neuem zum Brunnen zu gehen.

Olivia: – Jesus wußte, daß sie einen Geliebten hatte, der nicht offiziell ihr Mann war, aber das wäre nicht so schlimm gewesen, wenn sie sich wirklich geliebt hätten. Aber er sah, daß es mit der Liebe zwischen diesen beiden nicht weit her war. Wenn sie sich wirklich geliebt hätten, hätte sie nicht andauernd Wasser holen müssen.

Oscar: – Indem die Frau ihr Intimleben vor Jesus ausbreitete, stillte sie ihren Durst. Als Jesus ihren Mann erwähnt, bekennt sie, daß sie keinen hat, worauf er sagt: Da hast du tatsächlich recht. Denn dieser Kerl, mit dem sie zusammen lebte, war nur ihr Geliebter, und vielleicht liebten sie sich gar nicht, sondern lebten nur zusammen, um ihre Begierden zu befriedigen.

Laureano: – Nein, ich glaube, Jesus sagte, sie sollte ihren Mann holen, weil er ihnen beiden zusammen von diesem Wasser geben wollte.

Tomás: – Ich glaube, die Frau fand in diesem Augenblick, was sie immer gesucht hatte, die reine Liebe, die sie nie gefunden hatte. Sie fühlte sich plötzlich ganz anders als vorher.

Oscar: – Laß uns weiterlesen, Ernesto, ich glaube, das ist interessant.

Die Frau antwortete: Ich habe keinen Mann. Jesus sagte darauf: Du hast recht, wenn du sagst: ich habe keinen Mann. Du hast fünf Männer gehabt, und den du nun hast, ist nicht dein Mann. Du hast also die Wahrheit gesagt.

Ich: – Jesus macht ihr deutlich, daß sie wirklich in ihrem ganzen Leben keine Liebe gefunden hat.

Laureano: – Vielleicht hatte sie ein bißchen zu viel Liebe . . .

Ich: – Zuviel Durst nach Liebe.

Teresita: – Sie hat die Liebe mit etwas anderem verwechselt.

Ich: – Es war eine mehrmals geschiedene Frau, und wahrscheinlich war sie sehr unglücklich, unterdrückt von den Männern. Zu jener Zeit konnten sich die Männer von ihren Frauen scheiden lassen, aber nicht die Frauen von ihren Männern, und so war ihr Heim mehrmals zerstört worden. Und es scheint, daß diese Geschichte aus dem Johannesevangelium mit dieser Frau aus Samarien ein Symbol setzen will. Die Propheten hatten von dem Götzendienst in diesem Land Samarien als von einer Prostitution gesprochen. Sie beschreiben das Land als eine Frau, die ihren ersten Gatten, Jahwe, vergessen hat und hinter ihren Geliebten herläuft, nämlich den Götzen. Aber Jesajas hatte auch prophezeit, daß Israel später nicht mehr »die Gattenlose« genannt werden würde, sondern daß »das Land einen Gatten haben würde«. Und die Stelle unmittelbar vor der Geschichte von der Samariterin handelt von Johannes dem Täufer, der uns Jesus als »den Gatten« vorstellt.

Die Frau antwortete ihm: Herr, ich sehe, daß du ein Prophet bist. Unsere Vorfahren beteten Gott auf diesem Berg an, aber ihr Juden sagt, man solle ihn in Jerusalem anbeten.

Ich: – Die Propheten waren Männer, die die Ungerechtigkeiten anklagten, das heißt den »Götzendienst« und die »Prostitution«

Israels. Und plötzlich ist es so, daß es sich hier nicht mehr um eine Frau mit irgendeinem persönlichen Problem handelt, sondern diese Frau ist ganz Samarien, das durch Jesus die Stimme der Propheten hört.

Oscar: – Und jetzt versteht die Frau, daß es sich nicht um eine Wasserleitung handelt, die in ihrem Haus installiert werden müßte, um ihr den täglichen Gang zum Brunnen zu ersparen. Mensch, es handelt sich um ein ganz anderes Wasser! Also, ich glaube, Jesus will ihr zu verstehen geben, daß man etwas für die anderen tun muß, sich wenn nötig opfern, um mit der Sklaverei und der Ausbeutung aufzuräumen. Und wir können viel für das Volk tun. Das wollte Jesus der Samariterin sagen, daß sie sich ganz hingeben solle, ohne Falschheit, einfach lieben. Wir kennen viele, die so liebten, daß sie dafür gestorben sind. Jesus wollte uns aus der Sklaverei befreien.

Ich fahre fort: – Der hervorstechendste Antagonismus zwischen den Juden und den Samaritern war die Frage des Tempels. Die Juden sagten, Gott müsse im Tempel von Jerusalem angebetet werden, und die Samariter sagten, auf einem Berg in Samarien, auf dem gleichfalls ein Tempel stand und der nicht weit von dem Ort entfernt war, wo Jesus mit der Samariterin sprach. Und diese Samariterin fragt Jesus nun, welche der beiden Religionen die wahre sei.

Jesus antwortete: – Glaube mir, Frau, es wird die Zeit kommen, da Gott weder auf diesem Berg noch in Jerusalem angebetet werden wird.

Tomás: – Er will ihr sagen, daß Gott überall ist, nicht nur in Jerusalem oder auf diesem Berg, und daß man ihn anbeten kann, wo man will.

Laureano: – Meiner Meinung nach dürfte es keine Trennung zwischen den Menschen geben. Wenn alle Menschen vereint sind und sich alle gegenseitig lieben, dann ist Gott unter ihnen, und keiner muß mehr irgendwo hingehen, um ihn anzubeten.

– Auch nicht in eine Kirche? – fragt einer.

Laureano antwortet: – In den Kirchen versammeln sich die Leute.

Ich sage: – Die ersten Christen hatten keine Tempel. Das griechische Wort für Kirche bedeutet eigentlich »Versammlung« in weltlichem Sinn. Ich habe gelesen, daß auch im Alten Testament praktisch keine religiösen Worte gebraucht werden, sondern rein weltliche, denen man später einen religiösen Sinn gab. So war das Wort »Kult« ursprünglich ein Ausdruck der Militärsprache und bedeutete etwas Ähnliches wie »Kampfbereitschaft«. Und wenn im Neuen Testament religiöse Ausdrücke gebraucht werden, geschieht dies fast immer, um ihnen ihren ursprünglichen weltlichen Sinn zurückzugeben, zum Beispiel, wenn Paulus sagt, der Tempel seien die Menschen.

Manuel: – Darum finden wir es nicht schlimm, in der Kirche zu rauchen. Während wir hier unsere Meinungen sagen, rauchen wir eben, weil dieser Ort nicht heilig ist; heilig ist für uns die Versammlung, die wir hier abhalten.

Felipe: – Die Männer, die Frauen, die Kinder, die Alten . . . das alles sind heilige Tempel Gottes.

Olivia: – Aber damals, als hier in Nicaragua Gruppen von jungen Christen die Kirchen besetzten, um die Freilassung der politischen Gefangenen zu fordern, wurde gesagt, sie entweihten das Haus Gottes.

Ich: – Eine der Anklagen, die gegen Jesus erhoben wurden und aufgrund derer er zum Tode verurteilt wurde, war, daß er gesagt hatte, er würde den Tempel zerstören. Die Evangelisten sagten, das sei eine Verleumdung gewesen, und nie habe man ihm diesen Ausspruch nachweisen können. Aber diese Beschuldigung kann durchaus eine Grundlage gehabt haben, die seine Jünger darum zurückwiesen, weil sie Jesus um jeden Preis verteidigen wollten. Auf jeden Fall stimmt es, daß er gegen den Tempel war: er hatte ihn nicht nur eine Räuberhöhle genannt, sondern auch gesagt, es würde kein Stein von ihm auf dem anderen bleiben. Gleichfalls hatte er gesagt, Gott sei dabei, den Tempel aufzugeben, und der Samariterin kündigt er hier seine baldige Zerstörung an. Das bedeutete praktisch dasselbe wie zu sagen, er selbst würde ihn zerstören. Die Verleumdung der Juden wird darin bestanden haben, zu behaupten, er würde ihn mit terroristischen Methoden zerstören.

Felipe: – Die Juden wie auch die Samariter waren durch die Religion ziemlich verdummt, und Jesus sagt hier dieser Frau, das würde bald aufhören und Gott würde überall dort angebetet werden, wo sich die Menschen untereinander lieben.

Ich: – Christus sagt, beide Religionen würden nicht mehr nötig sein, ohne jedoch von einer neuen Religion zu sprechen.

Oscar: – Also ich glaube, Christus wollte dieser Frau zu verstehen geben, daß diese Frage es nicht wert sei, sich darüber den Kopf zu zerbrechen, Gott interessiere sich nicht für den Tempel, und es sei ihm egal, wo er angebetet würde, ob auf diesem Hügel oder in Jerusalem. Das ist für ihn nicht wichtig. Wir sind hier in dieser Kirche versammelt, aber die Kirche ist ihm egal, also das Gebäude; wichtig für ihn ist, daß wir uns alle lieben, denn wenn wir die wirkliche Liebe kennen, kennen wir auch Gott. Es scheint so, daß in dieser Geschichte jeder nur an sich selbst dachte, nicht? Aber Christus gibt ihnen zu verstehen, daß sie, wenn sie Gott lieben wollen, zuerst einmal ihren Nächsten lieben müssen, ihr ganzes Volk, die ganze Welt.

Manuel: – Aber später unterscheidet er zwischen Juden und Samaritern:

Ihr wißt nicht, wen ihr anbetet, wir aber wissen, wen wir anbeten, denn die Befreiung kommt von den Juden.

Felipe: – Ich glaube, es hat immer einen ganzen Haufen verschiedener Lehren gegeben, die einen in die eine Richtung und die anderen in die andere. Auch heute ist das noch so. Aber es gibt nur eine, die das Volk voranbringt, die es befreit. Und wahrscheinlich war sich Jesus bewußt, daß in der Lehre der Juden eine wirkliche Befreiung enthalten war, in den Schriften, die die Juden hatten. Und darin besteht seiner Meinung nach der Unterschied zwischen der jüdischen Religion und anderen Religionen.

Alejandro: – Das ist klar: die Befreiung als Idee kommt aus der Religion der Juden. Aber Jesus sagt nur, daß sie darin ihren Ursprung hat ... Sie kommt von den Juden, um sich überall auf der Welt auszubreiten. Die Befreiung kommt für alle, für alle Religionen und auch für die Menschen ohne Religion.

Ich sage: – Die ganze Bibel ist eine fortlaufende Anklage der Ungerechtigkeit und eine fortlaufende Verteidigung der Armen, der Witwen und der Waisen; und ununterbrochen hat die Bibel ein Ziel vor Augen, nämlich eine perfekte Gesellschaft. Das ist der Unterschied, der zwischen der Bibel und allen anderen Religionen besteht, die die Welt als fertig ansehen, als etwas, das man nicht mehr verändern kann. Und darum sind sie für den Status quo und halten es mit den Unterdrückern. (Die Religion der Samariter setzte sich aus verschiedenen heidnischen Religionen zusammen.) Das, was Marx von Gott sagt, nämlich daß er immer auf der Seite der gerade herrschenden Macht gestanden habe, stimmt genau für den Gott aller anderen Religionen, aber nicht für den Gott der Bibel, obwohl die Juden in der Praxis, als sie vom wahren Gott der Bibel abgefallen waren, auch eine entfremdende Religion hatten, die mit der herrschenden Macht im Bunde war. Gerade das war es, was Christus bekämpfte.

Oscar: – Ernesto, da ist aber etwas unklar. Jesus sagte, die Befreiung käme von den Juden. Aber warum gerade von ihnen? Wenn die Befreiung von den Juden kam, warum verfolgten und töteten sie Jesus dann? Die Juden kannten den wahren Gott, der die Gerechtigkeit war, und die Samariter beteten einen Gott an, von dem sie keine Ahnung hatten, wer oder wie er war. Aber obwohl sie es nicht wußten, wendet sich Jesus doch an diese Samariterin, wahrscheinlich weil er wußte, daß er von den Samaritern freundlich empfangen werden würde.

Ich sage: – Am Anfang dieser Geschichte heißt es, die Pharisäer wurden unruhig, weil Jesus mehr Anhänger hatte als Johannes der Täufer, worauf Jesus Judäa verläßt. Es ist anzunehmen, daß er flieht, denn er hatte ja gesehen, was mit Johannes dem Täufer geschehen war. Und auf seiner Flucht kommt er durch Samarien. Er sagt der Samariterin, die Befreiung käme von den Juden, aber es ist eine Befreiung, die vor den Juden auf der Flucht ist.

Aber es kommt die Zeit, und sie ist jetzt schon da, daß die wirklichen Beter den Vater im Geist und in der Wahrheit anbeten.

Tomás: – Überall, wo der Geist der Liebe herrscht, wird Gott in Wahrheit angebetet.

Felipe, sein Sohn: – Das heißt also, sie werden ihn nicht nur mit Worten anbeten. Früher beteten wir mit Worten (und es gibt auch heute noch viele, die so beten) zu einem Gott irgendwo da oben. Jesus zeigt uns, daß wir Gott lieben sollen, aber in unserem Nächsten: Wer seinen Nächsten liebt, der liebt Gott.

Ich füge hinzu: – Jesus sagt, die Zeit würde kommen und sie sei schon gekommen. Das scheint auf den ersten Blick ein Widerspruch zu sein. An einer anderen Stelle, als er davon spricht, seine Botschaft würde selbst die Toten auferwecken, sagt er gleichfalls, diese Zeit käme und sei schon gekommen. Das Reich Gottes wird kommen und ist schon da. Einer unserer Theologen der »Theologie der Befreiung«, Juan Luis Segundo, sagt, die Bibel verstünde die Welt nicht als eine unveränderliche Realität, sondern als einen Evolutionsprozeß. Aber da zu jener Zeit der Begriff Evolution noch unbekannt war und es keine Worte gab, um diesen Prozeß zu beschreiben, mußte die Bibel auf diese Widersprüche zurückgreifen: etwas, das ist und noch nicht ist.

Gott ist Geist, und die ihn anbeten, müssen ihn im Geist und in der Wahrheit anbeten.

Ich sagte: – »Gott ist Geist« soll nicht heißen, er sei etwas außerhalb der Materie. Für die Juden bedeutete »Geist« der Lebenshauch. Das Gegenteil vom Geist war nicht die Materie, sondern der Tod. Gott ist Leben und der, der uns das Leben einhaucht. Sein Leben oder sein Geist, den er uns gibt, ist die Liebe. Genausogut könnten wir sagen, er ist die Liebe, die zwischen uns herrscht.
Eine Frau: – Viele Reiche beten Gott in den Kirchen an, aber gleichzeitig beuten sie ihre Nächsten aus; dann stimmt das also nicht, daß sie Gott anbeten, es ist eine Lüge. Und es gibt andere, die nie in die Kirche gehen und noch nicht eine Messe gehört haben, so wie viele Jungen, die Gott nicht einmal erwähnen, die aber zur Guerilla gehen, um ihren unterdrückten Nächsten zu befreien. Ich glaube, das sind die, die Gott wirklich anbeten.

Die Frau antwortete: Ich weiß, daß der Messias kommt, der Christus heißt; der wird uns alles erklären.

Francisco: – Vielleicht war sie von allem etwas verwirrt.
Roger: – Nein, das glaube ich nicht. Es war eine Frau, die viel durchgemacht hatte, die Liebe brauchte und darauf hoffte, daß irgendwann einmal ein Messias kommen würde, der alle ihre Probleme lösen könnte.

Jesus sagte: Ich bin es, der mit dir redet.

Felipe: – Es kann doch sein, daß sie von allem etwas verwirrt war: Sie wußte nicht, welche Religion die richtige war, und hoffte darauf, daß es ihr irgendwann einmal einer erklären würde. Als aber Jesus sagt, Gott würde schon jetzt und später ganz ohne Religion angebetet werden, da weiß sie überhaupt nicht mehr, was sie denken soll. So sagt sie, der Messias, der kommende Befreier, würde es ihnen schon erklären. Und da sagt Jesus zu ihr: Ich, der ich dir dies alles erkläre, bin der Befreier.

Ich sage: – Vor den Juden sagte Jesus nie, er sei der Messias. Im Gegenteil, er verbot es sogar, davon zu sprechen. Man sieht, daß es sich um eine Vorsichtsmaßnahme handelte, denn hier vor der Samariterin spricht er es ganz klar aus. Und sie verbreitet es sofort überall.

Francisco: – Sie hätte es sich sicher nie träumen lassen, daß dieser Messias sich ihr in Gestalt eines Fremden nähern würde, der sie um Wasser bittet.

Oscar: – Sie muß wirklich erschrocken gewesen sein. Aber Jesus nähert sich allen, die ihn brauchen, die irgend etwas auf dem Gewissen haben . . ., das heißt allen, die Durst nach Liebe haben.

Wir lesen weiter, wie die Jünger mit Essen kommen, das Jesus aber verweigert, indem er sagt:

Meine Speise ist die, daß ich den Willen dessen tue, der mich gesandt hat und sein Werk vollende.

Felipe: – Jesus war ganz in die Aufgabe mit dieser Frau vertieft, die im ganzen Dorf von ihm erzählte. Darum hatte er keinen Appetit. Sein Hunger bestand darin, den Willen Gottes zu tun. Das gleiche passiert mit allen Anführern, die oft über ihrer Aufgabe das Essen und Schlafen vergessen.

Ich: – Jesus sagt, seine Speise sei, den Willen Gottes zu tun und sein Werk zu *vollenden*. Der Wille Gottes ist sein Reich, die perfekte Gesellschaft. Und das ist auch das Werk, das Gott begann, als er die Welt erschuf, und das Jesus jetzt vollenden wird.

Francisco: – Aber Jesus wird dieses Werk zusammen mit uns vollenden, nicht allein. Und bis heute ist es noch nicht vollendet.

Alejandro: – Für jeden von uns ist dieses Werk zu Ende, wenn er stirbt.

Francisco: – Klar, wenn unser Leben zu Ende ist, hören wir auch auf zu arbeiten. Aber einige sind sicher durch uns befreit worden, einige wenige, so wie Christus viele befreite. Manche haben durch uns die Wahrheit begriffen und geben sie so von Jahrhundert zu Jahrhundert weiter. Wenn einer stirbt, ist seine Arbeit hier zu Ende, aber andere arbeiten für ihn weiter, und so ist dieses Werk bis zu uns gelangt.

Ich: – Die gleichen Überlegungen wie ihr stellte auch Jesus an. Er blickte auf die frisch besäten Felder und sagte:

*Ihr sagt: Es sind noch vier Monate bis zur Ernte, aber ich sage euch:
Erhebt eure Augen und blickt auf das Feld, denn es ist bereit zur
Ernte. Schon empfängt der Schnitter seinen Lohn und sammelt die
Frucht zum ewigen Leben; und der Sämann freut sich zusammen
mit dem Schnitter. Denn hier ist das Sprichwort wahr: Der eine sät
und der andere erntet. Ich habe euch gesandt, das zu ernten, was andere gearbeitet haben.*

Laureano: – Alle Arbeit, die auf der Erde getan wird, ist eine
Fortsetzung der Arbeit, die Gott begonnen hat. Mit seiner Arbeit
vollendet der Arbeiter die Welt oder, besser gesagt, er fährt fort,
die Welt zu erschaffen. In der Gesellschaft darf es keinen geben, der
nicht arbeitet. Wer nicht arbeitet, soll auch nicht konsumieren. Heute arbeitet ein Teil der Menschheit, der größere Teil, für alle, und
der Teil, der am meisten konsumiert, ist der, der am wenigsten arbeitet. Aber auch in der perfekten Gesellschaft wird die Arbeit nicht
abgeschafft werden, denn die Maschinen, die wir dann haben werden, arbeiten nicht von selbst und stellen sich auch nicht selbst her.
Oscar: – Weißt du, was Christus uns hier sagt? Daß wir endlich
auf guter Erde arbeiten werden, die eine gute Ernte hervorbringen
wird. Bis jetzt haben wir auf steinigen Boden oder auf ein unge-
pflügtes Feld gesät, und darum bringt uns unsere Arbeit nichts ein.
Manche arbeiten schon auf gutem Boden, zum Beispiel in Kuba, wo
alle wie Brüder zusammen arbeiten, auf guter Erde ...
Ich sage: – Jesus sagt, sein Hunger, sein heißer Wunsch bestünde
darin, das Werk seines Vaters zu vollenden, aber Laureano hat
recht, wenn er sagt, daß wir darum nicht mit unserer Arbeit aufhören werden. Als sie Jesus einmal beschuldigten, einen Lahmen am
Ruhetag geheilt zu haben, antwortete er ihnen: »Mein Vater arbeitet immer, und auch ich arbeite.« Die Juden feierten den Sabbat zur
Erinnerung an den Tag, an dem Gott nach den sechs Tagen der Erschaffung der Welt ausruhte. Aber nach Jesu Worten hat Gott nie
mit seiner schöpferischen Arbeit aufgehört, und nun kommt er und
hilft ihm dabei, die Schöpfung zu vollenden. Und das zusammen
mit uns, wie Francisco eben sagte.
Einer der Jungen (Ivan) fragt: – Das heißt also, daß es im perfekten Kommunismus keinen Sonntag mehr geben wird und daß
wir alle Tage arbeiten müssen?
Ich antworte: – Es ist so, daß die Arbeit wie eine Erholung sein
wird und die Erholung wie eine Arbeit. Es wird nicht mehr diesen

Unterschied zwischen Arbeit und Ruhe geben, den wir heute kennen. Es ist so ähnlich, wie wenn du fischen gehst: Es macht dir Spaß, aber gleichzeitig ist es auch eine Arbeit.

Oscar: – Ich glaube, die Pause, die Gott sich nach der Erschaffung der Welt gönnte ... also, weißt du, was das ist? Der Mensch! Und unsere Erholung ist das gleiche, nämlich das Zusammenkommen mit anderen Menschen. So wie heute ein Ruhetag für uns ist, aber wir benutzen ihn dazu, hier zusammenzukommen, miteinander zu reden und Spaß zu haben. Der Körper arbeitet immer, auch wenn wir schlafen, nicht? Also ist der Ruhetag kein Tag zum Schlafen, sondern um fröhlich zu sein, um uns zu begrüßen, uns ins Gesicht zu sehen und – wenn möglich – einen Schluck zusammen zu trinken. Das ist es jedenfalls, was ich unter einem Sonntag verstehe ... ich weiß nicht, ob es euch genauso geht. Das ist eben ... also wenn ich mich mit einem zusammensetze und wir trinken einen Schluck zusammen, also, dann bin ich glücklich. Auch wenn ich arbeite, kann ich mit den anderen reden, aber ich arbeite eben auch gleichzeitig. Am Sonntag ist das etwas anderes, wenn man Ruhe hat und sich beim Sprechen gegenseitig ins Gesicht sehen kann, so wie wir jetzt zusammen sprechen. Sechs lange Tage sind wir voneinander getrennt und sehen uns nicht ... und dann kommen wir mit den Freunden zusammen und grüßen uns: »Tag, wie war's?« Das ist der Ruhetag, den Gott geschaffen hat, der Tag, an dem wir uns alle hier treffen. Aber Gott ruht sich nicht aus; er schüttet die ganze Zeit seinen Geist über uns aus, damit diese Liebe zwischen uns überhaupt existieren kann.

Olivia: – Ich glaube, mit diesem Ausruhen ist nicht nur das Ausruhen von der Arbeit gemeint, sondern es hat auch etwas mit einer Veränderung zu tun. Wenn diese Veränderung stattfindet, ruhen wir uns von der Unterdrückung aus, die wir vorher hatten. Denn was nur das Ausruhen von der Arbeit betrifft ... also Arbeit wird es immer geben.

Francisco: – Eben wurde gesagt, in den sozialistischen Ländern wie Kuba würde schon auf gute Erde gesät ... Ich glaube, dort sind sie sogar schon am Ernten. Dafür gaben viele ihr Leben, damit keiner mehr Hunger litte ... Jetzt tragen sie das Saatkorn in andere Teile der Welt.

William: – Das wirkliche Ausruhen wird dann stattfinden, wenn wir uns alle an dem Überfluß der Arbeit aller erfreuen. Und diese Arbeit wird wirklich fröhlich sein.

Felipe: – Wenn wir uns heute ins Bett legen und nicht wissen, was wir morgen essen sollen, können wir uns auch nicht ausruhen.

Oscar: – Also, das meine ich ja, daß wir uns alle zusammentun sollen, damit nicht jeder für sich an das tägliche Brot von morgen denken muß. Alle zusammen werden wir diese Wahrheit in die Tat umsetzen, also das, was Jesus diesen Zigeunern sagte ... wie hießen sie noch mal? Also, diesen Samaritern. Und auch den Tod brauchen wir nicht zu fürchten, denn der Tod ist ein Schritt zum Leben.

Laureano: – Diese Art von Tod.

Das Brot des Lebens

(Johannes 6, 25–59)

Wir lesen die Sätze, die Jesus nach den Worten des Johannesevangeliums zu den Leuten sprach, die ihm nach der wunderbaren Brotvermehrung gefolgt waren. Ehe wir noch angefangen haben, die ersten Verse zu besprechen, sagt Julio Guevara junior:
– Also ich finde dieses Evangelium wirklich verdummend. Es ist von nichts anderem die Rede als vom Brot des Lebens und dem Himmel und dem ewigen Leben.

Ich sage euch: Ihr sucht mich darum, weil ihr von dem Brot gegessen habt, bis ihr satt wart und nicht, weil ihr die wunderbaren Zeichen verstanden hättet. Arbeitet nicht für die Speise, die vergeht, sondern für die Speise, die bleibt und die auch das ewige Leben gibt.

Alejandro: – Hier sehen wir ganz deutlich, daß diese Zeichen, also die Brotvermehrung oder die Krankenheilungen, nur darum getan wurden, um uns zu zeigen, wie wir die Gesellschaft organisieren sollen. Jesus wollte, daß auch wir lernen sollten, Wunder zu tun, daß wir uns alle zusammenschließen sollten, ohne uns gegenseitig auszubeuten, damit es Brot, Gesundheit und alles andere für alle gäbe.
Oscar: – Ich glaube, die wirkliche Nahrung, die er brachte, war die Einheit zwischen den Menschen, die Liebe. Er kam nicht nur, um unsere Bohnen und unseren Reis zu vermehren.
Olivia: – Das Brot, das vergeht, ist das auf egoistische Weise erworbene Brot, und das Brot des Lebens ist das Brot, das wir alle gemeinsam erarbeiten. Dieses Brot bringt das ewige Leben hervor, weil es das Reich Gottes hervorbringt.
Einer der Jungen der Kommune: – Ich wollte etwas Ähnliches wie Doña Olivia sagen, nämlich daß für Jesus das wirkliche Leben ein Leben ohne Ungerechtigkeit ist; und das ist das Leben, das dieses Brot hervorbringt; die Einheit der Menschen. Das System der Ungerechtigkeit und der Ausbeutung dagegen bringt nur den Tod hervor.
Ich sagte: – Sie hatten das Zeichen dieser Brotvermehrung nicht verstanden; sie verstanden nicht, was dieses Symbol bedeutete ...

Dies ist die Speise, die auch des Menschen Sohn geben wird, denn auf ihr ist das Siegel Gottes, des Vaters.

Ein anderer der jungen Männer: — Wir Bauern und Analphabeten lassen uns immer von denen täuschen, die uns einen Bissen Brot anbieten oder sonst irgend etwas, das schnell zu Ende ist, auch wenn es uns hinterher schlechter geht als vorher. Dagegen lassen wir uns nicht von denen überzeugen, die uns eine neue Art des Zusammenlebens zeigen wollen, ein brüderliches Leben, das das wirkliche Leben ist.

Ich: — Dieses Brot, das nicht vorhält, ist wie das Saatkorn, das Somoza im Norden des Landes verteilen läßt, um die Bauern für sich zu gewinnen, obwohl sie dadurch gewiß nicht von ihrem Elend befreit werden. Jesus dagegen sagt hier den Leuten, daß durch die wunderbare Speisung, die sie miterlebt hatten, keins ihrer Probleme wirklich gelöst wäre, sondern worauf es ankäme, sei, die Welt zu verändern, das System der Ungerechtigkeit durch ein System der Liebe zu ersetzen. Und das ist das wirkliche Brot, das er brachte, und darum sagt er, Gott habe sein Siegel auf dieses Brot gedrückt wie auf einen Brief.

Doña Natalia sagt: — Es gibt so viele Arbeiter, die aushalten und aushalten. Diese Arbeit! Und dann dieser Hungerlohn! Sie sind schon müde, wenn sie anfangen, müde, die Armen, aber sie lassen sich zu dieser ungeheuren Arbeit treiben, immer nur Reis und Bohnen, und die vielleicht auch noch schlecht zubereitet. Wenn ich mit dieser Arbeit nicht fertig werde, kriege ich den Lohn nicht zusammen. Hart ist das, sehr hart. Aber Christus sagt ihnen, sie sollten das nicht mehr aushalten.

William: — Jesus wird alle diese Arbeiter im Sinn gehabt haben, die für einen Hungerlohn aushalten, wie Doña Natalia sagt, die ganze Geschichte hindurch. Und er sagt ihnen, sie sollten nicht für das Brot arbeiten, das doch nicht vorhält, auch nicht für einen etwas höheren Lohn, was schon als Fortschritt angesehen wird. Nein, sie sollen die ganze Welt verändern. Die Leute, die ihm zuhörten, verstanden, daß er eine Veränderung vorschlug, weil sie ihn fragten, welche Pläne er denn hätte.

Sie fragten ihn: Was sollen wir tun, um diese Werke zu verwirklichen, die Gott vorhat? Jesus antwortete: Gott will, daß ihr an den glaubt, den er gesandt hat.

Esperanza: – Das heißt, daß alle, die das gleiche verkünden wie Jesus, auch von Gott gesandt sind.

Felipe: – Und was er verkündigte, war, daß alle sich lieben sollten. Darum sagt er, sie sollten an ihn glauben. Sie sollten zuerst an ihn selbst glauben, um dann an sein Wort glauben zu können und es in die Tat umzusetzen.

Oscar: – Und an ihn glauben bedeutet auch, daran zu glauben, daß Gott ihn gesandt hat, das heißt, daß er nicht auf eigene Faust daherredete, sondern daß diese Revolution, die er verkündigte, der Wille Gottes war.

Ich sage: – Sie hatten ihn gefragt, was sie tun sollten, um den Plan Gottes zu verwirklichen, aber er antwortet nicht direkt auf diese Frage, sondern sagt, der Plan Gottes sei, daß sie daran glauben, daß er als Messias gesandt wurde, als Befreier, was soviel bedeutete, wie an die Befreiung zu glauben. Die ihm zuhörten, verstanden das auch, da ihnen sofort ihre Befreiung aus der Sklaverei Ägyptens in den Sinn kam; sie sagen ihm, Moses hätte durch Zeichen bewiesen, daß er der von Gott gesandte Befreier war, und fragen, welche Zeichen er ihnen denn geben könnte.

Jesus antwortet ihnen: Es war nicht Moses, der euch das Brot des Himmels gab, sondern mein Vater ist es, der euch das wahre Brot des Himmels gibt. Denn Gottes Brot ist das, das vom Himmel kommt und der Welt das Leben gibt.

Eine der Frauen: – Wie Oscar ganz richtig gesagt hat, ist dieses Brot, von dem er spricht, die Liebe, und er ist gekommen, um diese Liebe durch seine Botschaft auf die Erde zu bringen. Das heißt, er will, daß wir unsere eigenen Interessen beiseite lassen und uns um die Interessen der Gemeinschaft kümmern. Jesu Botschaft ist wie ein Brot, das vom Himmel gekommen ist, um uns alle zu ernähren.

Oscar: – Wenn wir uns nur um die Ernten kümmern oder um die Geschäfte, dann werden wir vielleicht noch egoistischer und sondern uns noch mehr ab. Die Liebe dagegen vereint uns, und darum sollen wir uns nur um die Liebe kümmern, die Einheit, die Kameradschaft, keinen im Stich lassen. Oft ist es so, daß man, je mehr man hat, immer noch mehr haben will und darüber die anderen vergißt. Dieser Reichtum gibt uns nicht das wirkliche Leben, denn auch wenn wir noch so viele gute Ernten haben, kann die Ungerechtigkeit doch immer weiter bestehen bleiben. Die Vorväter dieser Leute aßen das Manna in der Wüste und blieben darum doch so, wie sie waren.

Ich: – In der Schrift heißt es, wie die Juden hier zitieren, dieses Manna sei ein »Brot vom Himmel« gewesen, aber Jesus ist so revolutionär, der Schrift zu widersprechen und zu sagen, das sei nicht richtig, es sei nicht vom Himmel gefallen. Heute weiß man, daß es sich um einen weißen und süßen, gummiartigen Saft handelt, der von bestimmten Bäumen tropft und den die Beduinen dieser Region noch heute als Nahrung benutzen. Und Jesus sagt hier: Dieses Brot ist gar nicht vom Himmel gefallen ... Das einzige Brot des Himmels ist die Botschaft der Liebe, die er uns vermittelt und die der Menschheit ein neues Leben schenken wird.

Ich bin das Brot des Lebens. Wer zu mir kommt, den wird nie hungern; und wer an mich glaubt, den wird nie dürsten.

Olivia: – Wo Liebe ist, gibt es keinen Hunger. Dieser Hunger ist die Ausbeutung und der Durst, immer noch mehr zu besitzen. Diese Gier ist wie Hunger und Durst, Wünsche, die nie gestillt werden, weil man immer noch mehr haben will. Aber wo Liebe herrscht, wird man satt, und alle sind glücklich und zufrieden.

Eine andere der Frauen: – Hier in Nicaragua wird dauernd gegen Fidel Castro geredet; man sagt, in Kuba seien alle Dinge rationiert. Aber sie beachten dabei nicht, daß es das, was es gibt, für alle gibt. In Wirklichkeit glaube ich, daß dort alle zufrieden sind, weil keiner Not leidet und keiner zu viel besitzt, sondern alle gleich. Aber hier kann ein Reicher noch so reich sein, er will doch immer noch mehr haben. Ich glaube, in einem Land, wo alles gerecht verteilt ist, gibt es diesen Durst nach mehr nicht, den es hier gibt.

Ich sage: – Vor kurzem habe ich in einem wissenschaftlichen Werk gelesen, das größte Bedürfnis des Menschen, aus dem sich alle übrigen Bedürfnisse ableiten, sei das Bedürfnis nach Geselligkeit, nach der Nähe anderer Menschen. Das heißt mit anderen Worten, der größte Hunger und Durst des Menschen ist der Hunger und Durst nach Liebe. Und um diesen Hunger zu stillen, sagt Jesus, ist er auf die Welt gekommen.

William: – Und das hat auch etwas mit diesem anderen Jesuswort zu tun, in dem es heißt, unser Hunger und Durst nach Gerechtigkeit würde gestillt werden.

*Alles, was mir mein Vater gibt, kommt zu mir; und wer zu mir
kommt, den werde ich nicht hinausstoßen.*

Laureano: – Es sind die Armen und Notleidenden, die der Vater
ihm gegeben hat.
Gloria: – Ganz bestimmt sind es nicht die satten Bürger, denn die
glauben sowieso nicht an ihn.
Elbis: – Und ich glaube, es sind alle die, die in irgendeinem Teil
der Welt für die Gerechtigkeit kämpfen, auch wenn sie Jesus nicht
Christus nennen und sich selbst nicht Christen. Die wird Christus
bestimmt auch nicht hinausstoßen. Viele Christen glauben, die revolutionären Atheisten hätten nichts mit Christus im Sinn, aber er
sagt, er würde sie nicht hinausstoßen, denn wer die Vereinigung
aller Menschen sucht, sucht in Wirklichkeit ihn.
Natalia, Elbis' Mutter: – Alle Menschen, die Christus suchen, suchen auch die Vereinigung mit den anderen, und wenn sie die suchen, gehören sie schon dazu und können nicht mehr ausgeschlossen
werden.
Felipe: – Ich finde das sehr interessant, denn es gibt viele, die die
halbe Bibel auswendig kennen und doch nicht die Vereinigung mit
ihren Mitmenschen suchen. Das eine ist eben, die Schrift gut zu kennen, und das andere, sie auch in die Praxis umzusetzen. Che Guevara und Fidel Castro haben sie in die Praxis umgesetzt.

*Der Wille dessen, der mich gesandt hat, ist, daß ich keinen von de-
nen verliere, die er mir gegeben hat, sondern daß ich sie auferwecke
am Jüngsten Tag. Der Wille meines Vaters ist es, daß alle, die an
seinen Sohn glauben, das ewige Leben haben sollen.*

Olivia: – Das verspricht er allen, die seine Botschaft annehmen,
und das, was er verspricht, ist für uns alle sehr wichtig: Aufersto-
hen am letzten Tag, am Tag der totalen Befreiung. Diese totale
Befreiung könnte es nicht geben, wenn es keine Auferstehung gäbe.
Alejandro, ihr Sohn: – Die Liebe verpflichtet sich denen, die sich
ihr hingeben. Die Liebe führt uns und sorgt für uns.
Ich: – Jesus sagt, wir könnten nicht verlorengehen, der Wille des
Vaters sei es, daß keiner von uns verlorenginge; und wir würden
verlorengehen, wenn wir mit dem Tod aufhörten zu existieren.

Da begannen die Juden, sich über ihn zu erregen, weil er gesagt hatte: Ich bin das Brot, das vom Himmel gekommen ist. Sie sagten: Ist er nicht Jesus, Josefs Sohn? Wir kennen seinen Vater und seine Mutter. Wie kann er sagen, er sei vom Himmel gekommen?

Felipe: – Es ist klar, daß sie nicht an ihn glaubten, weil sie wer weiß für eine vom Himmel gefallene Befreiung erwarteten, irgend so ein Zauberkunststückchen.

Gloria Guevara: – Vor allem glaubten sie nicht an ihn, weil er der Sohn eines Arbeiters war. Immer hackten sie auf der Tatsache herum, daß er der Sohn eines Zimmermanns war. Wenn er reich und mächtig gewesen wäre, hätten sie es vielleicht leichter gefunden, daran zu glauben, daß er vom Himmel gekommen war.

Bosco: – Sie reagierten so wegen der Vorstellung, die sie vom Himmel hatten. Sie dachten, Gott sei an irgendeinem unerreichbaren Ort, aber Jesus sagt ihnen hier, dieses Herabkommen vom Himmel bedeute, daß Gott aus der Arbeiterklasse hervorgegangen sei.

William: – Genauso erwarten auch heute viele religiöse Christen eine vom Himmel gefallene und nicht eine aus dem Volk hervorgegangene Befreiung.

Bosco spricht weiter: – Der Imperialismus unterstützt diese Art von Religion, damit sich das Volk trotz aller Ungerechtigkeit weiter passiv verhält und seine Rettung nur von oben erwartet. Man braucht nur diese amerikanischen Sender mit ihren religiösen Programmen zu hören, die nur vom Himmel sprechen . . .

Jesus sagte: Erregt euch nicht. Niemand kann zu mir kommen, wenn ihn der Vater, der mich gesandt hat, nicht zieht; und ich werde ihn auferwecken am Jüngsten Tag. In den Büchern der Propheten heißt es: »Sie werden alle von Gott gelehrt sein.« So werden alle, die den Vater hören und von ihm gelehrt werden, zu mir kommen.

Eduardo: – Ziemlich mysteriös.

Gerardo: – In der Bibel übermittelt Gott seine revolutionäre Botschaft nur sehr wenigen, praktisch nur den Propheten. Heute, wo es überall Revolutionen gibt, denkt und redet das ganze Volk wie die Propheten. In einem Land, das dabei ist, seine Revolution zu machen, gibt es Tausende und aber Tausende von Propheten, und alle sind sie vom Vater gelehrt worden, auch wenn sie es nicht wissen.

Elbis: – Dieser Vater, der Jesus auf die Erde schickte, das heißt, der ihn aus dem Volk hervorgehen ließ, ist der gleiche, der uns zu Jesus schickt, der uns mit ihm zusammenbringt. Er macht, daß Jesus und das Volk ein und dasselbe sind.

Myriam: – Ich glaube, daß alle, die für die Befreiung ihres Volkes kämpfen, genauso von Gott gesandt sind wie Jesus.

Laureano: – Und für gewöhnlich werden sie verfolgt und getötet, aber nach den Worten Jesu ist es nicht so wichtig, ob man verfolgt und getötet wird, weil man zum Schluß doch wieder aufersteht.

Nicht daß jemand den Vater gesehen hätte, außer dem, der von Gott ist. Ich sage euch: Wer an mich glaubt, der hat das ewige Leben.

Manuel: – Um Gott kennen zu können, muß man Jesus kennen, der ein Mensch ist.

Oscar: – Wir haben Gott nicht gesehen, aber wir haben von ihm gehört durch Jesus Christus, der ihn gesehen hat und der uns gesagt hat, wie er ist: nichts als Liebe.

Olivia: – Das ist sehr wichtig, vor allem für uns, das Volk, das immer auf eine Rettung von oben gewartet hat, und immer nur betete und betete. Aber Christus sagt uns, wer Gott wirklich ist.

Felipe: – Vielleicht wollte Jesus diesen Juden sagen, alle ihre Sitten und Bräuche wären ihre eigenen Erfindungen.

Ich: – Jesus leugnet nicht, daß Gott existiert, aber er sagt, daß man ihn nicht sehen kann.

Olivia: – Und daß man ihn auch nicht lieben kann, eben weil man ihn nicht sieht. Daher auch dieser andere Satz: Wie sollen wir Gott lieben, den wir nicht sehen, wenn wir unsere Mitmenschen nicht lieben, die wir sehen?

Ich sage: – Wir können Gott nicht sehen, aber wir können uns gegenseitig lieben, und das bedeutet nach dem Apostel Johannes: Gott kennen. Und Gott kennen heißt ihn besitzen, so wie wir einen geliebten Menschen besitzen können.

Felipe: – Ich glaube, Jesus will, daß wir alle falschen Informationen, die wir von Gott haben, beiseite lassen, weil sie uns von dem wirklichen Gott fernhalten, der die Liebe ist.

Bosco: – Christus lebte in der perfekten Gesellschaft Gottes, und genau wie Che Guevara sein Ministerium in Kuba verließ, um die Revolution auch in andere Länder zu bringen, so verließ Christus diese perfekte Gesellschaft des Himmels, um den Himmel hier auf Erden zu predigen.

Ich: – Damit die Menschen untereinander so eins wären, wie er eins mit dem Vater ist, damit die ganze Menschheit wie eine Dreifaltigkeit wäre und der Himmel hier auf der Erde verwirklicht würde. Ist es nicht so?

Ich bin das lebendige Brot, vom Himmel gekommen. Wer von diesem Brot ißt, wird leben in Ewigkeit. Das Brot, das ich geben werde, ist mein eigener Leib, den ich hingebe für das Leben der Welt.

Oscar: – Jesus opferte sein Leben für die Gerechtigkeit. Darum sagt er, er gäbe seinen Leib für das Leben der Welt, und darum nennt er ihn Brot, weil die Gerechtigkeit so lebenswichtig ist wie das Brot.

Gerardo: – Dieser Körper wurde getötet, aber er gibt der Welt immer noch das Leben, und alle, die für ihre Mitmenschen leben, sind ein Teil dieses Körpers, das heißt, auch sie sind das Brot, von dem die Welt lebt.

Einer fragt: – Und die Eucharistie?

Ich antworte: – Christus wählte das Beispiel einer gemeinsamen Mahlzeit, um die Einheit der Menschen zu beschreiben, die brüderlich alle Güter dieser Welt teilen. Das Neue Testament gebraucht das griechische Wort *koinoia* (was soviel wie Kommunismus bedeutet), um die Eucharistie zu beschreiben, die Gütergemeinschaft aller Menschen und die Einheit der Menschen mit Gott. Wenn wir das Brot der Eucharistie teilen, nehmen wir teil am Leib Christie und vereinen uns gleichzeitig mit dem ganzen Volk, mit dem er sich identifizierte, und auch mit Gott, der zusammen mit Christus ein Ganzes bildet. Aber die Eucharistie ist in Wirklichkeit nur ein Gleichnis, ein Beispiel, um die wirkliche Einheit der Menschen in der gesamten Gesellschaft zu beschreiben.

Laureano: – Ich glaube, wenn wir alle gut in einer sozialistischen oder, noch besser, kommunistischen Gesellschaft organisiert wären, würden wir das Brot und alle anderen Dinge genauso teilen wie in der Eucharistie. Das wäre dann nicht mehr eine Eucharistie, wie wir sie in der Messe feiern, sondern eine tägliche Eucharistie, in der in brüderlicher Liebe alle Güter dieser Erde ganz gleich verteilt sind, sozusagen eine Super-Eucharistie.

Wahrlich, ich sage euch: Wenn ihr das Fleisch des Menschensohns nicht eßt und sein Blut nicht trinkt, so habt ihr kein Leben in euch. Wer mein Fleisch ißt und mein Blut trinkt, der hat das ewige Leben, und ich werde ihn am Jüngsten Tag auferwecken.

Laureano: — Sein Fleisch essen und sein Blut trinken könnte bedeuten, genauso zu sein wie er, das gleiche Leben zu führen wie er und auch sein Leben für die anderen hinzugeben wie er.

Natalia: — »Und zum Schluß werde ich euch auferwecken.« ... Das ist ein Satz, den er immer von neuem wiederholt. Und Christus sagt nie irgend etwas nur so daher. Er wiederholt es, damit wir auch wirklich daran glauben.

Felipe: — Ich glaube, die Liebe ist etwas Ewiges, das nie aufhört, und wenn einer liebt, dann nimmt er teil an dieser Ewigkeit und hört auch nie auf. Letzten Endes wird die Liebe über das Böse triumphieren, und darum ist die Liebe ewig, während das Böse nicht ewig dauert, sondern irgendwann einmal aufhören wird.

Ich sage: — Tatsächlich spricht Jesus viel von der Auferstehung, was in der Bibel soviel bedeutet wie »wach werden«, aber er gibt uns nie auch nur den kleinsten Hinweis darauf, wie das sein wird. Es ist also unnütz, es sich irgendwie vorstellen zu wollen. An einer anderen Stelle des Johannesevangeliums heißt es, die Auferstehung habe schon begonnen.

Wer mein Fleisch ißt und mein Blut trinkt, der bleibt in mir und ich in ihm. Der Vater, der mich gesandt hat, hat das Leben, und ich lebe durch ihn. So wird auch der, der mich ißt, durch mich leben.

Ich: — Christus ist mit Gott vereint und teilt das Leben Gottes. Wenn wir mit ihm vereint sind, was dasselbe ist, wie mit unseren Mitmenschen vereint zu sein, bilden wir einen Teil seines Körpers und nehmen teil an seinem Leben, das das Leben Gottes ist. Und dieses Leben ist die Auferstehung, die Auferstehung Christi und unser aller, des gesamten Körpers.

Julio Ramón: — Ewig wiederholt er dasselbe. (Dabei zeigt er mit dem Finger auf die Stirn, um anzudeuten, daß Jesus nicht ganz richtig im Kopf sein könne.)

Ein anderer der Kommune (Boniche): — Tatsächlich wiederholt er es immer wieder, aber jedesmal ein bißchen anders; immer sagt er dasselbe auf eine andere Art.

Alejandro: – Ich finde diese Wiederholungen irgendwie poetisch.
Natalia (mit Nachdruck): – Er tut eben alles, damit wir daran glauben.

Die Ehebrecherin

(Johannes 8, 1–11)

Meister, diese Frau wurde auf frischer Tat beim Ehebruch ertappt. Moses hat uns im Gesetz geboten, solche Frauen zu steinigen. Was sagst du dazu? Das sagten sie aber, um ihn anklagen zu können.

Felipe: – Das sind die gleichen, die sich heute gegen das Evangelium stellen und das Volk unterdrücken. Und heute wie damals geben sie sich als Verteidiger der Gesetze aus.

William: – Wenn Jesus sagte, sie sollten sie tatsächlich töten, würden sie ihm antworten, wie es möglich wäre, daß er, der immer die Liebe predigte, zulassen könnte, daß diese arme Frau gesteinigt würde. Aber wenn er sagte, sie sollten sie nicht töten, läge er auch falsch, weil sie ihm dann sagen würden: »Seht ihr, der ist gegen die Gesetze Mose.«

Alejandro: – Aber Jesus zog sich geschickt aus der Falle. Die Pharisäer dachten, es bliebe ihm nichts anderes übrig, als das eine oder das andere zu antworten: entweder billigte er das Gesetz, das wahrhaftig ungerecht war, oder er billigte den Ehebruch. Auch wir stehen manchmal vor einer schwierigen Frage, zum Beispiel in bezug auf die Gewalt. Es sieht so aus, als ob wir nur auf die eine oder auf die andere Art antworten könnten, aber wir können auch eine dritte Antwort finden, so wie Jesus, und das ist die wirklich weise Antwort.

Manuel: – Hier kann man so richtig sehen, wie grausam diese Gesetzesverteidiger waren. In Wirklichkeit war es ihnen egal, was diese Frau getan hatte. Sie brachten sie zu Jesus, damit sie von ihm verurteilt würde, wobei sie sich der Schwäche einer armen Frau bedienten, um Jesus herauszufordern. Auch heute nehmen sie irgendeine Kleinigkeit zum Anlaß, um die anzugreifen, die nichts als Gerechtigkeit wollen.

Aber Jesus bückte sich nieder und schrieb etwas mit dem Finger auf die Erde.

– Vielleicht, um ihnen zu zeigen, daß er die ganze Sache nicht so wichtig nahm.

– Malte er da vielleicht Häuschen und so etwas?

– Vielleicht schrieb er irgend etwas Wichtiges, etwas über die Liebe.

... Aber die lasen das nicht einmal, die hatten nur ihre Bosheit im Sinn.

Als sie fortfuhren, ihn zu fragen, richtete er sich auf und sagte: Wer unter euch ohne Sünde ist, der werfe den ersten Stein. Und er bückte sich wieder und schrieb weiter auf die Erde.

Olivia: – Jesus wollte ihnen sagen, daß es größere Sünden gebe als einen Ehebruch. Daß es andere gebe, die das Volk unterdrückten und die darum doch nicht gesteinigt werden. Auch heute wird eine Frau, die sich mit einem anderen einläßt, von allen verurteilt, wobei niemand sieht, daß all die Unterdrückung und Ungerechtigkeit, die überall herrscht, viel schlimmer ist. Darum gibt Jesus sich hier, als sie ihm diese Frau vorführen, zerstreut, so als ob er der ganzen Sache nicht so viel Wichtigkeit beimesse.

William: – Wir müssen auch beachten, daß Jesus für die Gleichheit zwischen Mann und Frau war. Das ist heute hochaktuell, wo überall von der Befreiung der Frau gesprochen wird. Paulus würde später sagen, für Christus gebe es weder Juden noch Griechen, weder Herren noch Sklaven, weder Männer noch Frauen. Es kann sein, daß Jesus all die Ehebrüche dieser Männer, die jetzt diese Frau verurteilen, in den Sand schrieb. Wenn die Steinigung die normale Strafe für eine Ehebrecherin war – warum sollte es dann nicht die gleiche Strafe für die Ehebrecher geben?

Teresita, Williams Frau: – Ich bin fast sicher, daß alle diese Männer, die hier die Frau verurteilten, selbst Ehebrecher waren.

Oscar: – Die Unterdrückung, die damals herrschte, war wirklich unglaublich, nicht? Und dazu gehörte auch, daß die Frau so gut wie nichts war. Wenn eine Frau mit einem anderen schlief, dann war das ein Verbrechen, aber wenn die Männer das gleiche taten, kümmerte sich kein Mensch darum.

Olivia: – Diese Männerherrschaft damals war wirklich sehr schlimm, aber heute ist es nicht viel besser. Zu einem Ehebruch gehören schließlich zwei, aber den dazugehörigen Mann klagt damals wie heute kein Mensch an.

– Ja, wo war eigentlich der Mann, mit dem sie geschlafen hatte?

Ich sage: – In den sogenannten »apokryphischen« Evangelien, die nicht zum wirklichen Evangelium gehören, in denen aber authentische Einzelheiten aufgezeichnet sein können, gibt es einen mysteriösen Ausspruch Jesu, der nach allem, was hier gesagt wurde, sehr klar scheint und den er wirklich gesagt haben könnte (kein anderer könnte so etwas erfinden). Dieser Ausspruch Jesu lautet, im Himmelreich würden »die Männer wie Frauen sein und die Frauen wie Männer«.

Ein junger Maler aus Managua, Roger Pérez, sagt: – Der Fall dieser Frau ist für uns in Lateinamerika besonders lehrreich. Es ist wirklich nötig, daß wir diese Lehre der Toleranz und Verzeihung und Liebe endlich verstehen. Der Ehebruch einer Frau ist nicht anders als der Ehebruch eines Mannes. Hier in Lateinamerika folgen wir einer Tradition, die dieser Lehre völlig entgegengesetzt ist und die aus unserer jahrhundertealten Männerherrschaft resultiert. Auch wir verurteilen eine Ehebrecherin noch zum Tode, und nicht nur in unseren Volksliedern. Es gibt Sätze, die wir alle im Munde führen: »Wenn sie mir das antut, dann bringe ich sie um, diese Hure.« Das ist weder christlich noch revolutionär.

William: – Ein Ehebruch ist eine winzige Sünde, Mensch, verglichen mit allen anderen. Wenn sich eine Frau mit einem anderen einläßt, gut, soll es eine Sünde sein, ich behaupte nicht das Gegenteil, vor allem, wenn ihr Partner darunter leidet oder die Kinder oder wenn es sonst irgendwelche Folgen hat ... Aber verglichen mit den Sünden, die andere begehen, ist ein Ehebruch eine Kleinigkeit ...

Ich: – Es ist wesentlich schlimmer, eine Frau deswegen zu steinigen, nicht wahr?

Als sie das hörten, fühlten sie sich in ihrem Gewissen betroffen, und einer nach dem anderen ging hinaus, angefangen bei den Ältesten.

Olivia: – Weil die Ältesten die größten Sünder waren, die größten Ehebrecher vielleicht. Oder Diebe ... Ausbeuter.

William: – Es waren auch die Geehrtesten, die den besten Ruf hatten, die Führer ... In jener Zeit wurde die Gesellschaft von den Alten beherrscht, nie von den Jungen. Und diese Ältesten waren natürlich auch die Schlechtesten, verdorben von der Macht ...

Ein anderer: – Die Ältesten sind immer die Verdorbensten ...

Roger Pérez, der junge Maler: – So wie gewisse, besonders verdorbene, besonders perverse und besonders kriminelle alte Männer, die

55

in unserer Regierung sitzen: Lorenzo Guerrero, Luis Manuel Debayle...

Oscar: – Nach dem, was Christus von ihnen sagt, müssen es wirklich verdammte Scheißkerle gewesen sein!

Ich sage: – Und wir dürfen nicht vergessen, daß es Kirchenleute waren; zu Beginn des Evangeliums heißt es ausdrücklich: »die Schriftgelehrten und Pharisäer«. Sie sprachen von den Gesetzen Mose. Aber Jesus verurteilt sie und stellt sich auf die Seite der Ehebrecherin.

Oscar: – Was die aufgeatmet haben wird, nicht? Obwohl ihre Intimitäten an die Öffentlichkeit gezerrt wurden, sieht sie doch, daß andere noch viel schlimmere Dinge taten, obwohl natürlich im geheimen. Ich glaube, sie wunderte sich sogar, als sie hörte, daß ihre Sünde gar nicht so schlimm war und daß ihre Ankläger noch schlechter wegkamen als sie; daß sie so schlecht waren, daß sie es nicht mehr wagten, sie anzuklagen.

William: – Sie kamen mit dieser Frau zu Jesus und führten dabei das Gesetz Mose an; immer wenn die Menschen unterdrückt werden, geschieht das im Namen der Gesetze. Aber Jesu Antwort setzt nicht nur das Gesetz außer Kraft, nach dem sie fragten, sondern ihr ganzes juristisches System.

Oscar: – Mensch, dieser Moses machte aber auch Gesetze! Stellt euch mal vor: eine Frau solange mit Steinen zu bewerfen, bis sie tot ist! Hunderte von Steinen! Es wäre menschlicher gewesen, sie mit einem Buschmesserhieb zu töten oder mit einer Pistole. Und die anderen begingen schlimmere Sünden, ohne daß einer davon wußte. Wenn sie alle Fehler auf die gleiche Weise bestraft hätten, hätten sie sich gegenseitig ausgerottet...

Ich sage: – Das Gesetz, auf das sie sich hier bezogen, war sehr alt, aus einer Zeit, als die Gesellschaft noch sehr barbarisch war.

Oscar: – Ja, aber wer beging den Irrtum, so ein Gesetz aufzustellen?

William: – Es war kein Irrtum, Mensch; diese Gesetze waren weniger barbarisch als andere, die sie vorher hatten.

Manuel: – Aber waren diese Gesetze dem Moses nicht von Gott gegeben worden?

William: – Ja, aber Jesus zeigt uns hier, daß etwas, das früher fortschrittlich war, später veraltet sein kann. Die Pharisäer stellten Jesus hier der Tradition gegenüber, und Jesus sagt ihnen, die Tradition aufrechtzuerhalten bedeute, die Ungerechtigkeit aufrechtzuerhalten.

Ich: – Das Gesetz des Universums ist das Gesetz der Evolution; das ist das höchste Gesetz Gottes. Alle Gesetze, die versuchen, die Vergangenheit zu bewahren, sind ungerechte Gesetze. Der Theologe Juan Luis Segundo sagt, in der Sprache des Neuen Testaments bedeute »Sünde« das gleiche wie Konservatismus; es ist die der Veränderung entgegengesetzte Haltung.

Julio: – Jesus spricht hier nur von dem konkreten Fall dieser Frau, aber ich glaube, heute müssen wir seine Worte auf alles beziehen, auf Frauen und Männer, auf alle, die irgendwie getötet werden, wenn nicht mit Steinen oder Buschmessern oder Pistolen, dann durch den Hunger und alle anderen Foltern der Ausbeutung. Der Fall dieser Frauen, die durch das Gesetz gesteinigt wurden, ist der Fall aller Armen, die in die Hände der Reichen fallen.

Gloria: – Und die Frauen? Die sind noch unterdrückter, weil sie Frauen sind. Darum wird hier die Geschichte von dieser Frau erzählt, weil uns Jesus dadurch noch deutlicher zeigen kann, wie ungerecht und unterdrückerisch die Gesetze sind.

Frau, wo sind deine Ankläger? Hat dich niemand verurteilt? Sie antwortete: Nein, Herr, niemand. Da sagte Jesus: Dann verurteile ich dich auch nicht; gehe hin und sündige nicht mehr.

Manuel: – Und das tat sie sicher auch nicht mehr. Sie wurde nicht nur von dem Gesetz befreit, sondern auch von der Sünde.

Elbis: – Davon sprachen wir auch gestern in der Jugendgruppe. Wir fragten uns, was wir mit einem Kameraden tun sollten, der irgendeinen Fehler gemacht hat, und kamen zu dem Schluß, daß wir ihn darauf aufmerksam machen sollten und ihn dann in Ruhe lassen, damit er aus eigener Überzeugung von seiner falschen Haltung abkäme.

Myriam, ein junges Mädchen: – Jesus zeigt uns, wie wir unser Leben ändern können.

Alejandro, ihr Bruder: – Ich glaube nicht, daß Jesus nur diesen einzigen Satz sagte. Wahrscheinlich blieb er eine ganze Weile bei der Frau sitzen und sprach so lange mit ihr, bis sie Klarheit gewonnen hatte.

Myriam (die vorher gesagt hatte, Jesus hätte sicher etwas über die Liebe in den Sand geschrieben): – Und sie las dann auch, was er auf die Erde geschrieben hatte.

Die Wahrheit macht euch frei

(Johannes 8, 31–47)

Jesus sagte zu den Juden, die an ihn glaubten: Wenn ihr an meinen Worten festhaltet, seid ihr wirklich meine Jünger. Ihr werdet die Wahrheit erkennen, und die Wahrheit wird euch frei machen.

– Ziemlich wirr diese Rede. Vielleicht sprach er von Dingen, die zu hoch für sie waren. Deshalb sagen sie später, er wäre vom Teufel besessen, das heißt, neurotisch. – So Julio Guevara junior.

Myriam, seine Schwester: – Aber wenn Jesus das sagte, dann doch sicher, damit wir es verstehen sollten . . .

Und Alejandro: – Er sagt, die Wahrheit würde uns frei machen, weil die Unterdrücker die Wirklichkeit verschleiern. Die Wahrheit, von der Christus spricht, bedeutet, die Ungerechtigkeit zu entdecken, die es in der Gesellschaft gibt, zu sehen, daß die Menschen in Klassen aufgeteilt sind. Uns werden die Augen geöffnet, und dann sehen wir all diese Dinge. Die Lüge verschleiert uns die Wirklichkeit, so daß wir denken, es wäre richtig, daß es Reiche und Arme gibt. Aber wenn wir die Wirklichkeit entdecken, so wie sie ist, dann werden wir frei.

Laureano: – Ich glaube, die Wahrheit macht uns frei, weil die Wahrheit die Gleichheit ist. Wenn wir alle gleich sind, sind wir frei; wenn es keinen mehr gibt, der größer ist als die anderen, sind wir frei. Der Betrug ist es, der uns versklavt. Sie unterdrücken uns mit dem Betrug, und wir befreien uns mit der Wahrheit, indem wir den Betrug aufdecken.

Felipe: – Die Wahrheit zeigt uns, daß wir alle gleich sind, wie Laureano sagt, und daß alle Menschen die gleiche Realität leben müssen, die Realität, daß wir Brüder sind. Keinen als Sklaven noch als Herrn ansehen, das, so scheint mir, ist die Wahrheit. Die Wahrheit macht uns zu Brüdern, und darum macht sie uns frei.

Gloria: – Ich glaube, das ist klar. Und gerade darum halten sie die Armen in der Unwissenheit, weil es ohne Unwissenheit auch keine Ausbeutung geben kann.

Ich sage: – Nach Jesu Worten ist es nicht genug, nur an ihn zu *glauben,* denn es heißt, »denen, die an ihn glaubten«, sagte er, sie seien nur seine Jünger, wenn sie seine Worte in die Tat umsetzen. Nur durch diese Praxis gelangen wir zur Wahrheit und damit zur Freiheit. Man kann an Christus glauben, wie die bourgeoisen Christen an ihn glauben, aber das bedeutet noch nicht, seine Jünger und frei zu sein.

Sie antworteten ihm: Wir sind Abrahams Kinder und sind nie jemandes Sklaven gewesen. Wie kannst du uns sagen, wir sollten frei werden? Jesus sagte: Ich sage euch, alle die sündigen, sind die Sklaven der Sünde.

Ich sage: – Sie führen an, sie seien frei, weil sie Isrealiten sind. Nach dem Gesetz konnte kein Israelit lebenslänglich zum Sklaven gemacht werden, sondern er mußte wie ein Lohnempfänger behandelt werden, weil das ganze Volk aus der Sklaverei Ägyptens befreit worden war. Aber dieses Gesetz bestand praktisch nur auf dem Papier ...

Felipe: – Es kann sein, daß diese Juden so eine Freiheit hatten, wie man es von uns sagen könnte, aber die Freiheit, die wir haben, ist die Freiheit, daß sie uns ausbeuten können, soviel es nur geht. Es ist die Freiheit zu sündigen, das heißt, Ungerechtigkeiten zu begehen, und darum ist es keine Freiheit, sondern Unterdrückung.

Oscar: – Wir denken, wir wären frei, weil wir hingehen können, wohin wir wollen, wenn auch mit leerem Bauch. Früher arbeiteten die Sklaven nur fürs Essen, aber heute ist es genauso. Wenn du arbeitest, verbrauchst du deine ganze Energie für die paar Pesos, die kaum fürs Essen reichen. Die Unterdrückung hält dich versklavt, könnte man auch sagen.

William: – Aber wo es Herren und Sklaven gibt, da ist niemand frei. Darum sagt Jesus zu den Hervorrufern der Unterdrückung, auch sie wären Sklaven ihrer Sünde, nämlich der Unterdrückung.

Ich sage: – Jahwe erscheint in der Bibel immer als der Gott der Freiheit, der Gott, der Israel von den Ägyptern befreite; und es ist ein Gott, der die Menschen zu nichts verpflichtet, nicht einmal, ihm Kult darzubringen, da er keine Opfer will. Er verpflichtet die Menschen nur dazu, frei zu sein und duldet kein Idol, das sie unterwirft. Das ist die Freiheit, von der Christus sagt, wir erhielten sie durch seine Wahrheit. Und das ist auch das einzige Gebot, das er uns gibt, das Gebot, das der Apostel Johannes »das Gesetz der Freiheit« nennt.

Der Sklave gehört nicht für immer zur Familie, aber der Sohn gehört für immer zur Familie. Wenn euch also der Sohn frei macht, so seid ihr wirklich frei.

Manuel Alvarado: – Wenn wir mit dem System des Betrugs und der Ausbeutung einverstanden sind, sind wir Sklaven. Wenn wir aber für die Einsetzung der Gerechtigkeit auf der Erde kämpfen, sind wir Söhne Gottes und Brüder aller anderen Menschen. Alle zusammen bilden eine einzige Familie, mit Gott als Vater und allen anderen als Brüdern.

Laureano: – Ich glaube, Jesus sagt, solange die einen mehr Macht haben als die anderen, wird es immer Sklaven geben. Und in diesem Fall sind wir keine Brüder, sondern Herren und Sklaven.

Ich: – Er sagt ihnen auch, als Sklaven könnten sie nicht immer im Haus bleiben, da die Sklaven nicht zur Familie gehören. Aber er fügt hinzu, der Sohn habe die gleiche Autorität wie der Vater, um den Sklaven des Hauses die Freiheit zu geben, vorausgesetzt, daß diese Sklaven frei sein wollen. Es scheint, daß sich dieses Beispiel auf ein Haus bezieht, in dem man die Sklaven freilassen will ...

Bosco: – Und er sagt ihnen, sie könnten auch zur Familie gehören, zur Familie der Dreieinigkeit, aber nicht eher, als bis sie alle frei wären.

Sie antworteten: Wir sind nicht unehelich geboren; wir haben einen Vater, und das ist Gott.

Ich sage: – Sie sagen zu Jesus, sie wären keine Hurensöhne. Die Propheten hatten viel von der Prostitution Israels gesprochen: Israel war die Gattin Gottes, aber es war eine untreue Gattin. Und sie verstanden Jesus auch in dem Sinn, daß der Teufel ihr Vater wäre.

Oscar: – Ihr Vater ist der, der nie die Wahrheit sagt, der das Volk betrügt und es mit Hilfe der Diktatoren manipuliert; und das Volk bleibt ganz ruhig, weil es nicht weiß, daß es versklavt ist.

Jesus sagte: Wäre Gott euer Vater, so liebtet ihr mich, denn ich bin von ihm ausgegangen und komme von ihm. Ich bin nicht von mir selber gekommen, sondern Gott hat mich gesandt. Warum könnt ihr denn meine Sprache nicht verstehen? Weil ihr meine Botschaft nicht hören wollt.

Ich: – Jesus ist nicht auf eigene Faust gekommen, sondern er wurde von der Dreifaltigkeit Gottes gesandt, wie Bosco sagt, von der Einheit oder dem Kommunismus Gottes, damit alle Menschen einen Teil dieser Einheit oder dieses Kommunismus bildeten. Das ist seine Botschaft. Und er sagt ihnen, sie *könnten* ihn nicht verstehen, weil sie seine Botschaft nicht hören *wollten*.

Oscar: – Die ihn nicht verstehen können, das sind die, so scheint mir, die nicht wie die anderen sein wollen, sondern über ihnen stehen. Sie wollen ihre Mitmenschen immer weiter beherrschen.

Manuel: – Er weiß, daß sie ihn schließlich töten werden, er fühlt sich von Feinden umgeben. Es ist eben so, daß er die Befreiung bringt und sie die Ungerechtigkeit aufrechterhalten wollen. Ich glaube, das bedeutet dieser Satz, daß er für unsere Sünden starb.

Felipe Peña: – Diese Kerle, die sich als gerettet ansahen, nur weil sie zum Volk Abrahams gehörten, sind wie die Ausbeuter von heute, die auch denken, sie wären gerettet, weil sie zu irgendeiner Religion gehören.

Ihr habt den Teufel zum Vater und wollt das tun, was er will. Der Teufel aber ist ein Mörder von Anfang an.

Felipe: – Ich glaube, wir sollten uns zuerst einmal darüber klarwerden, daß der Teufel nicht dieses Schreckgespenst ist, das sich die Leute vorstellen, dieser Hinkefuß, der die Leute erschreckt. Der Teufel ist eine Realität, er ist der Egoismus, alle die bösen Gedanken, die wir für die anderen haben.

Bosco: – Aber der Teufel ist auch ein Gespenst, denn das Böse, das wir hier in Nicaragua und in anderen Ländern in der Politik am Werk sehen, ist eine falsche Realität, ein Trugbild, ein Gespenst . . .

Ich sage: – Der Apostel Johannes sagt etwas Ähnliches wie Felipe: Wenn einer versucht wird, dann ist der, der ihn versucht, sein eigener Egoismus. In der Bibel heißt *Satanas* einfach »der Widersacher«. Christus sagt, von diesem Widersacher kämen alle Verbrechen und alle Ungerechtigkeiten der Menschheit, vom allerersten Mord (an Abel) an. Darum heißt es, der Teufel sei ein Mörder von Anfang an.

Olivia: – Der Tod der vielen unterernährten Kinder oder der Kranken, die sterben, weil keiner sich um sie kümmert, oder all der anderen, die ermordet werden . . . das alles ist das Werk des Teufels. Es gibt immer noch viel Teuflisches in Nicaragua. Es ist die gleiche

Art von Leuten, die auch Jesus töten wollten und gegen die er kämpfte.

Donald: – Also, dieser Teufel kann seine Geheimagenten in jedem Land haben, und die sind es, die all das ausführen, was er will. Das ist so, wie wenn ein Land von einem Diktator beherrscht wird und das ganze Volk tun muß, was dieser eine Mann will, weil er es ist, der die Macht hat.

Ich sage: – Der Teufel oder der Widersacher ist die Kraft, die sich der Evolution entgegenstellt. Diese Kraft ist die Unterdrückung. Laut Christus ist alle Unterdrückung mörderisch.

Er steht nicht in der Wahrheit, denn die Wahrheit ist nicht in ihm. Wenn er Lügen redet, so spricht er nur das aus, was in ihm ist, denn er ist ein Lügner und der Vater der Lüge.

Bosco: – Das kann man so genau auf die Vereinigten Staaten anwenden, wie wenn Jesus sie gekannt hätte: ihre schrecklichen Verbrechen, begleitet von Lügen, die Propaganda ihrer Radiosender . . .

Ein anderer: – Und das kann man auch so genau auf Nicaragua anwenden, wie wenn er hier in Nicaragua gelebt hätte. War nicht dieses Regime ein Mörder von Anfang an, als der Vater der Lüge seine Herrschaft mit dem Mord an Sandino, dem Befreier, begann?

Alejo: – Das Verbrechen geht immer Hand in Hand mit der Lüge. Ohne ihre lügnerische Propaganda würde sich die Ungerechtigkeit nicht durchsetzen.

Elbis: – Dem Volk alles mögliche versprechen und ihm nichts geben, sondern es immer mehr und mehr ausbeuten, das ist auch ein Werk des Teufels, des Vaters der Lüge.

Oscar: – Sie zwingen den kleinen Mann, bei den Wahlen für sie zu stimmen, aber am nächsten Tag haben sie ihn schon vergessen und am übernächsten führen sie ihn wegen irgendeiner Kleinigkeit ab. Er ist ihnen ganz egal! Wir dürfen uns nicht von ihnen täuschen lassen. Und wir müssen auch den anderen die Augen öffnen und ihnen ihre verwirrten Gehirne erleuchten . . . Ich kann nicht so gut reden, das ist mir klar, aber ihr wißt bestimmt, was ich meine.

Ich füge hinzu: – Jesus stellt den Teufel, den Widersacher, der Lüge gleich, weil er der Widersacher der Wahrheit ist. Lüge und Unterdrückung sind das gleiche, so wie auch Wahrheit und Freiheit das gleiche sind.

Da ich aber die Wahrheit sage, glaubt ihr mir nicht. Wer unter euch könnte mich einer Sünde beschuldigen? Wenn ich aber die Wahrheit sage, warum glaubt ihr mir nicht?

Olivia: – Das Böse hatte mehr Macht als das Gute, obwohl das Gute am Ende doch siegen wird. Heute wird dem Bösen mehr geglaubt als dem Guten. Und Jesus glaubten sie nicht, weil er die Wahrheit sagte und sie nur an Lügen glaubten. Wenn er ihnen Lügen aufgetischt hätte, hätten sie ihm geglaubt. Heute geschieht genau das gleiche.

Ein anderer: – Wie sollen sie auch der Wahrheit glauben, wenn dem, der die Wahrheit sagt, sofort der Mund mit einer Kugel verschlossen wird! Das geschieht jeden Tag in Nicaragua, und neulich mußten die von der Sandinistischen Befreiungsfront einen Radiosender stürmen, um endlich die Wahrheit sagen zu können, was die Regierung so wütend machte, daß fast der Sendeleiter daran glauben mußte, obwohl der gar nichts damit zu tun hatte. Und so war es schon zur Zeit Christi, und er selbst starb auch nur, weil er die Wahrheit gesagt hatte.

William: – Wahrheit und Gerechtigkeit ist das gleiche, wie wir eben gesehen haben. Jesus sagt von sich, er sage die Wahrheit, weil niemand ihm eine Ungerechtigkeit nachweisen könne (keiner kann ihn einer Sünde beschuldigen). Seine Botschaft ist nur eine Botschaft der Gerechtigkeit. Die Wahrheit ist die Wirklichkeit, und die Lüge sind die falschen Ideen, mit denen die Wirklichkeit entstellt wird, und diese falschen Ideen sind ein Produkt der Ausbeutung.

Elbis: – Jesus fragt, warum sie ihm denn nicht glauben, wo er doch die Wahrheit sage, aber unmittelbar darauf erklärt er, warum sie es nicht tun:

Wer von Gott ist, der hört Gottes Worte, aber weil ihr nicht von Gott seid, wollt ihr sie nicht hören.

Alejo: – Er läßt keinen Zweifel daran, daß die Menschheit in zwei Klassen von Menschen aufgeteilt ist . . .

Felipe: – Die von Gott sind, das sind die Notleidenden, die Armen. Die Menschen, denen es an allem fehlt, die die anderen brauchen und die mit allen anderen eine Einheit sein wollen, das sind die Kinder Gottes.

William: – Die Kinder Gottes sind die, die auf seiten der Gerechtigkeit stehen, und die hören auch die Botschaft Jesu. Die anderen *wollen* sie nicht hören, weil sie sonst nicht weiter lügen und morden können.

Iván: – Soll das heißen, daß nicht alle Menschen Kinder Gottes sind?

Laureano: – Die Ausbeuter sind jedenfalls keine Kinder Gottes.

Der barmherzige Samariter

(Lukas 10, 25–37)

Da stand ein Schriftgelehrter auf und sagte, um ihn zu versuchen: Meister, was muß ich tun, damit ich das ewige Leben ererbe?

Ich sage: – Ich habe mich immer gewundert, daß es an dieser Stelle des Evangeliums heißt, mit dieser Frage habe der Mann Jesus »versuchen« wollen.

Manuelito: – Die Pharisäer glaubten an einen ganzen Haufen von religiösen Vorschriften und wollten sehen, ob Jesus sagte, daß sie alle eingehalten werden müßten. Wenn er »nein« sagte, stellte er sich gegen das Gesetz.

Alejandro: – Ich laube, damals war es mit dem Gesetz genauso wie heute mit dem Evangelium: das Gesetz war völlig klar, aber sie verstanden es nicht und dachten, sie würden es treu einhalten ... Und sie erwarteten, daß Jesus gegen das Gesetz, so wie sie es verstanden, sprechen würde, damit sie ihn verurteilen könnten.

Ich: – Ja, das leuchtet mir ein. So wie wenn heute ein Vertreter unseres Regimes uns fragen würde, was wir vom Evangelium hielten. Das könnte auch eine gefährliche Frage sein, nicht wahr?

Alejandro: – Es ist genau dieselbe Frage, ganz genau dieselbe. Und im Grunde stellen sie diese Frage andauernd.

Laureano: – Er hätte ihnen antworten können: »Nehmt den Reichen ihren Überfluß weg und verteilt ihn unter den Armen«, aber das wäre zu gefährlich gewesen.

Jesus antwortete: Was steht im Gesetz geschrieben? Wie liest du es? Der Schriftgelehrte antwortete: Du sollst Gott, deinen Herrn, lieben von ganzem Herzen, von ganzer Seele, von allen Kräften und von ganzem Gemüt und deinen Nächsten wie dich selbst.

Laureano: – Weil er Jesus eine Falle stellen wollte, fiel er schließlich selbst hinein. Jesus zwingt ihn, das zu sagen, was er selbst nicht einhält.

Ein anderer: – Dieser Mann wollte vielleicht über den Tempeldienst, die Einhaltung des Sabbats, die unreinen Speisen und solche Sachen sprechen, die in Wirklichkeit Quatsch waren, aber Jesus macht, daß er zuerst das wichtigste Gesetz nennt: Gott und den Nächsten zu lieben.

Aber der Schriftgelehrte wollte sich rechtfertigen und fragte: Wer ist denn mein Nächster?

Ich sage: – Der »Nächste« ist einfach ein Mensch, der uns nahesteht. In der Bibel wurde dieser Begriff auf alle ausgedehnt, die zum Volk Israel gehörten. Warum stellte der Schriftgelehrte wohl diese Frage, »um sich zu rechtfertigen«?

Alejandro: – Vielleicht, weil er in diesem Augenblick merkte, daß er seinen Nächsten nie geliebt hat. Gott wird er die ganze Zeit angebetet haben, und er sagte wahrscheinlich auch, daß er ihn liebte. Aber der Nächste, verdammt, bis zu diesem Augenblick wußte er nicht einmal, wer das war.

Olivia: – Er kannte seinen Nächsten nicht, weil er ihn nicht liebte. Wahrscheinlich machte er es genau wie viele Leute heutzutage: Man gibt ein Almosen, irgendein abgelegtes Kleidungsstück . . .

Rebeca: – Vielleicht liebte er seine Kinder, seine Frau und seine engsten Freunde, aber das war eine egoistische Liebe. Das kann man nicht Liebe nennen, wenn man nur drei oder vier liebt, wo es doch diese unendliche Menge von Menschen gibt. Das kann man nicht Liebe nennen.

Felipe: – Dieser Mann wußte ganz genau, wer sein Nächster war. Er wollte sich nur nicht anmerken lassen, daß er Jesus eine Falle gestellt hatte.

Olivia: – Unsere Nächsten sind die ganze Menschheit. Das ist es, was dieser Mann nicht wußte, daß alle Welt sein Nächster war.

Alejandro: – Er dachte wahrscheinlich, es wären seine Nachbarn, die ihm gegenüber wohnten und die natürlich genauso vermögend waren wie er.

Wir lesen jetzt das Gleichnis. Ein Mann wird von Räubern überfallen, die ihn halbtot zurücklassen. Ein Priester und ein Levit gehen vorüber, ohne ihm zu helfen. Endlich kommt ein Samariter, verbindet seine Wunden und bringt ihn in eine Herberge.

Was denkst du: Welcher von diesen dreien war dem Überfallenen wohl der Nächste? Der Schriftgelehrte antwortete ihm: Der, der

Mitleid mit ihm hatte. Da sagte Jesus: So gehe hin und tue das gleiche.

Olivia: – Jesus stellte diesem Schriftgelehrten einen Mann anderer Rasse und anderer Religion als Beispiel dar, um uns zu zeigen, daß alle Menschen unsere Nächsten sind. Er wählte nicht irgendeinen Nachbarn als Beispiel, sondern einen Fremden, praktisch einen Feind.

Felipe: – Die Frage, die dieser Mann stellte, war, was er tun müßte, um das ewige Leben zu erlangen, das wahre Leben. Und Jesus antwortete ihm, er solle lieben. Die Liebe ist das wahre Leben.

Ein alter Mann aus San Miguelito: – Aber das Gesetz spricht von der Liebe zu Gott und der Liebe zum Nächsten, nicht nur von der Liebe zum Nächsten.

Felipe: – Aber das Gebot von der Nächstenliebe ist dem anderen gleich; es ist ein einziges Beispiel.

Manuel: – Mir scheint, daß nach diesem Beispiel von den Kirchenleuten einerseits und dem Andersgläubigen andererseits das Gebot der Nächstenliebe wichtiger ist, denn die einen kümmern sich um den Tempel, aber nicht um ihren Nächsten, und das sind die Schlechten. Und der andere kümmert sich um den Nächsten, aber nicht um den Tempel, und das ist der Gute.

Ich füge hinzu: – Ich glaube, wir können das so ausdrücken: Wer Gott liebt, ohne den Nächsten zu lieben, der erfüllt das Gesetz nicht, aber wer den Nächsten liebt, selbst ohne Gott zu lieben, der erfüllt es. Jesus empfiehlt dem Schriftgelehrten, genauso zu handeln wie der Samariter.

Ein anderer: – In Wirklichkeit liebten diese Kirchenleute Gott gar nicht, weil sie ihren Nächsten nicht liebten, und wie man sieht, ist dieses Gebot von den zwei Lieben in Wirklichkeit ein einziges. Die einen waren fromme Leute, die sich nur ihren Gebeten widmeten. Vielleicht hielten sie gerade darum nicht bei dem Verletzten an, weil sie es eilig hatten, zu ihrem Tempeldienst zu kommen. Es war die Religion selbst, die sie daran hinderte, ihren Nächsten zu lieben, und davon gibt es auch heute noch Beispiele.

Ich sage: – Aber es scheint so, daß dieses Gleichnis darum erzählt wurde, um uns zu zeigen, daß es der Samariter war, der seinen Nächsten liebte. Und zum Schluß fragt Jesus, welcher von diesen dreien, die des Weges kamen, *der Nächste* des Verletzten sei.

Einer antwortet: – Der Mann ohne Religion war der Nächste.

67

– War es nicht der Verletzte?

– Es war nicht der Verletzte.

Manuel: – Will Jesus sie in die Irre führen? Er sagte: »Liebe deinen Nächsten«, aber hier ist der Nächste auf einmal ein anderer.

Felipe: – Es scheint eher so, als ob der, der den andren dient, der Nächste ist.

Laureano: – Mann, das ist doch egal! Wenn einer mir hilft und ich helfe dem anderen, dann sind wir gegenseitig unsere Nächsten.

Ich sage: – Es ist so viel von der Liebe zum Nächsten gesprochen worden, daß wir nicht mehr wissen, wer mit diesem Wort »Nächster« eigentlich gemeint ist. Ursprünglich hieß es in der Bibel soviel wie »Nachbar«, aber heute gebrauchen wir hier ein Wort, das dasselbe besagt, nämlich »Kamerad«. Das Gesetz sprach davon, seinen Kameraden zu lieben wie sich selbst, und der Schriftgelehrte fragt, wer denn sein Kamerad sei. Und am Schluß des Gleichnisses, als Jesus fragt, wer der Kamerad des Verletzten gewesen sei, mußte der Schriftgelehrte zugeben, daß es der war, der »Mitleid mit ihm hatte«.

– Ja, wenn wir Kamerad sagen anstatt Nächster, dann kommt mir die ganze Geschichte schon viel klarer vor.

Ich sage: – In Wirklichkeit waren beide Kameraden, der Samariter und der Verletzte, da es notwendigerweise zwei sein müssen. Das Wort »Nächster« ist also im Sinn einer Wechselbeziehung zu verstehen. Er ist ein »Nächster« für mich, und ich bin ein »Nächster« für ihn.

– Ja, denn die Nächstenliebe zu den Armen, also das Almosengeben, abgetragene Kleider und so etwas, das ist keine wirkliche Liebe zum Nächsten. Die wirkliche Nächstenliebe ist Kameradschaft. Dieser Samariter verband dem Verletzten nicht nur die Wunden, sondern er brachte ihn auch in ein Hotel und zahlte ein Zimmer für ihn und versprach, auch für eventuelle spätere Kosten aufzukommen. Von dem Augenblick an wurden die beiden Freunde, wirkliche Kameraden.

Laureano: – Das Volk ist der Verletzte, der auf der Landstraße verblutet. Die Priester, die sich nicht um das Schicksal des Volkes kümmern, das sind diese beiden, die zu ihren Gebeten im Tempel gingen. Und die atheistischen Revolutionäre sind die guten Samariter, die guten Freunde, die guten Kameraden.

– Die Lehre, die wir aus diesem Gleichnis ziehen sollen, ist, alle Menschen als unsere Nachbarn anzusehen. Es darf überhaupt keine Schranken mehr zwischen uns geben.

– Alle Menschen sind Nächste.

– Aber Jesus sagt etwas anderes. Jesus fragt: Welcher von diesen drei war der Nächste des Verletzten? Das heißt also, daß die beiden anderen es nicht waren, der Priester und der Levit.

– Nein, das waren sie tatsächlich nicht.

– Weil sie nicht liebten.

Der Mann aus San Miguelito wiederholt: – Alle menschlichen Wesen sind unsere Nächsten.

Manuel: – Wo es gegenseitige Hilfe gibt, da ist der Nächste. Nur wo Freundschaft und Kameradschaft herrschen, wo unsere Freunde und Kameraden sind, da sind unsere Nächsten.

– Jesus zeigt uns hier, daß einige Menschen aus Egoismus aufhören, die Nächsten der anderen zu sein.

– Und da ist noch etwas Seltsames an diesem Evangelium –, sage ich. Der Schriftgelehrte zitierte Jesus das wichtigste Gebot: »Liebe den Herrn, deinen Gott, von ganzem Herzen ... und deinen Nächsten wie dich selbst.« Darauf sagt Jesus ihm, er habe gut geantwortet. Aber danach erzählt er nur eine Geschichte über die Nächstenliebe, über einen Andersgläubigen, der sich um einen Verletzten kümmert, und sagt dann, der Schriftgelehrte solle das gleiche tun. Wir könnten uns nun fragen: Und was ist mit dem Gebot der Gottesliebe? Denn um gleichzeitig das Gebot der Gottesliebe zu illustrieren, hätte Jesus auch eine Geschichte von einem Priester erzählen können, der auf dem Weg zum Tempel ist, um einen Gottesdienst zu halten, und der sich unterwegs um einen Verletzten kümmert. Wenn heute jemand als Beispiel für die Liebe »zu Gott und dem Nächsten« einen atheistischen Marxisten anführte, Che Guevara zum Beispiel, der nur seinen Nächsten liebte – würden wir dann die Geschichte nicht als etwas ungereimt bezeichnen?

Alejandro: – Und erst, wenn er die Christen auf dem Weg zur Kirche dabei so schlecht wegkommen läßt!

Nach einem Augenblick fährt er fort: – Kann es nicht so gewesen sein, daß Jesus das erste Gebot, das nun einmal zum Gesetz gehörte, akzeptierte, um nicht in Schwierigkeiten zu kommen, auch wenn er eigentlich beweisen wollte, daß das wirklich wichtige das der Nächstenliebe war?

Elbis: – Tatsächlich ist es so, daß Gott im Nächsten ist. Die Liebe zu Gott wird nicht ausgeklammert, sondern derjenige, der seinen Nächsten liebt, liebt gleichzeitig auch Gott.

Alejandro: – Schade, daß dieser Schafskopf nicht weitergefragt

69

hat, denn heute stellen sie uns die gleiche Falle und sagen, das mit dem barmherzigen Samariter sei ja gut und schön, aber das wirklich Wichtige wäre das Geistige, die Religion, die Liebe zu Gott ... Wenn dieser Schriftgelehrte weitergefragt hätte, wäre die Sache jetzt klarer für uns.

Laureano: – Diese Geistigen lieben etwas, das in Wirklichkeit gar nicht existiert.

Ich sage: – In Wirklichkeit drückte sich Jesus klar genug aus, seine Worte wurden nur auf eine Weise ausgelegt, daß sie jetzt nicht mehr klar erscheinen. An einer anderen Stelle sagt er, das Wichtigste sei, für die anderen das zu tun, was wir auch für uns wollen. Der Apostel Johannes sagt später, seinen Nächsten zu lieben wie sich selbst sei das erste aller Gebote, und auch Paulus sagt später, das ganze Gesetz sei in dieser Liebe zum Nächsten zusammengefaßt. Es ist wahr, daß das Gesetz so lautet, wie es der Schriftgelehrte zitiert hat: »Liebe den Herrn, deinen Gott, von ganzem Herzen, von ganzer Seele und von ganzem Gemüt.« Aber in der Bibel heißt es, das müsse so sein, weil Jahwe sein Volk von den Ägyptern befreite, weil er der einzige war, der an den Armen und Unterdrückten Gerechtigkeit übte, was soviel bedeutet, wie keinen anderen Gott zu haben als die Liebe und die Gerechtigkeit unter den Menschen. Darum sagt Jesus an einer anderen Stelle, das zweite Gebot sei »dem ersten gleich«, und mit diesem Gleichnis zeigt er uns, daß beide Gebote erfüllt werden, wenn wir nur das zweite erfüllen. Und darum zählt er dem reichen Jüngling, der ihn fragte, was er tun müsse, um das ewige Leben zu erlangen, nur die Gebote auf, die sich auf die Liebe zum Nächsten beziehen, ohne auf die der Gottesliebe einzugehen.

Laureano: – Mit anderen Worten sagt er also, es gebe keinen Gott; Gott sei nur unser Nächster.

Ich: – Er sagt, Gott sei die Liebe.

Laureano: – Er sagt, die anderen lieben, das sei Gott.

Ich: – Er sagt, daß es wohl einen Gott gebe, aber Gott sei diese Liebe.

Laureano: – So sind wir also alle Gott.

Ich: – Die Liebe. Alle, aber nur wenn wir in Liebe vereint sind. Nicht alle einzeln, voller Haß und Ausbeutung. In Wirklichkeit sind es eben nicht alle, denn diese beiden, die da vorbeikamen, waren nicht die Nächsten des anderen. Wenn es hier in dieser Versammlung Ausbeuter und Mörder gäbe, würdest du nicht sagen: »Wir alle sind Gott.«

Laureano: – Gott sind alle, die sich lieben. Und alle, die sich nicht lieben, sind der Teufel.

Ich: – Der heilige Augustinus sagt, Gott sei die Liebe, mit der wir uns lieben.

Alejandro: – Das ist alles wirklich sehr wichtig, was wir hier sagen!

Olivia: – Was ich sehe, ist, daß wir nicht versuchen sollen, Gott zu lieben, denn Gott existiert nicht, wie Laureano sagt, er ist im Himmel, und hier auf der Erde können wir nichts für ihn tun. Wir sagen zwar, wir liebten ihn, aber das stimmt nicht, weil er keine Realität für uns ist. Es gibt Leute, die es vorziehen, diesen Gott im Himmel zu lieben, eben weil sie ihn nicht sehen. Es ist schwer, ein Christ zu sein, so wie es dieser Samariter war; es ist viel leichter, bloß religiös zu sein und Gott in irgendeinem Tempel anzubeten.

Ich sage: – Als sie Jesus verurteilten, war die Hauptanklage, die sie anführten, daß er gegen den Tempel war. Einer Samariterin, auch eine Andersgläubige, die ihn fragte, ob der Tempel von Jerusalem der wirkliche Tempel sei, antwortete er, von nun an würde Gott nicht mehr in Tempeln angebetet werden, sondern überall »im Geist und in der Wahrheit«. Später haben wir Christen Tempel über Tempel gebaut, obwohl Jesus gesagt hatte, der einzige Tempel sei der Mensch. Der Mann, der halbtot am Weg nach Jerusalem lag, das war der Tempel.

Ein anderer: – Die Regierung hat es lieber, wenn nur von der Liebe zu Gott gepredigt wird, von der Rettung unserer Seelen, vom Himmel. Soviel ich weiß, bezahlt sie sogar für solche Predigten im Radio. Dieser amerikanische Pastor, Spencer heißt er, der jeden Tag so erbaulich von der Rettung der Seelen durch Christus spricht, ist in Wirklichkeit vielleicht ein Agent der CIA.

Ein südamerikanischer Hippie, der heute bei uns ist: – Aber auch unsere Feinde sind ein Teil Gottes, weil auch sie menschliche Wesen sind. Wenn sie Schlechtes tun, dann wahrscheinlich nur, weil sie im Irrtum sind. Man muß sie auch lieben . . .

Ich sage: – Wir müssen sie lieben, indem wir gegen sie kämpfen, um sie von der Ungerechtigkeit zu befreien, die sie an anderen begehen. Gott ist nicht im Egoisten, Gott ist nur in dem, der liebt. Gott wird in den Ausbeutern sein, wenn sie nicht mehr ausbeuten. Es kommen Personen in dieser Geschichte vor, von denen wir noch nicht gesprochen haben: die Räuber. Das sind die Ausbeuter, die das Volk legal angegriffen haben, dank der Gesetze, die sie selbst gemacht haben. Sie haben das Volk nackt und voller Wunden auf dem Weg der Geschichte liegengelassen, wo es langsam verblutet.

Laureano: — Und während die Religion vorbeiging und den Überfallenen nicht einmal ansah, war der Kommunismus der gute Samariter, der den Verletzten aufhob und an einen sicheren Ort brachte, wo er ein Dach über dem Kopf hatte und etwas zu essen und Kleidung und Medikamente ... alles gratis.

Jesus spricht über die Ehe

(Matthäus 19, 1–12)

Da traten einige Pharisäer zu ihm, um ihn zu versuchen. Sie fragten: Ist es einem Mann erlaubt, sich von seiner Frau wegen irgendeiner Ursache zu scheiden?

Manuel: – Es war eine Falle, denn wenn er bejahte, würden sie sagen, er wäre gegen die Ehe, und wenn er verneinte, würden sie sagen, er wäre gegen das Gesetz Mose, das die Ehescheidung erlaubte.

Silvestre: – Aber sie vermuteten, daß Jesus nicht sagen würde, ein Mann könne aus irgendeinem beliebigen Grund seine Frau verlassen.

Carlos (ein spanischer Priester, der vor kurzem geheiratet hat und der mit seiner Frau Concha hier bei uns in Solentiname ist): – Die Pharisäer wußten, daß Jesus ein Befürworter der Freiheit war und gleichzeitig ein Befürworter der Liebe. Mit dieser Frage wollten sie ihn in einen Widerspruch verwickeln.

Manuel: – Genau wie damals, als sie ihn das mit der Ehebrecherin fragten: entweder erklärte er sich als Befürworter des Ehebruchs oder er stellte sich auf die Seite der Grausamkeit.

Ich sage: – Das Gesetz Mose besagte, ein Mann könne seine Frau verstoßen, wenn er nicht mehr zufrieden mit ihr wäre. Das einzige, was er zu tun hatte, war, ein Schriftstück zu unterschreiben, in dem er auf seine Rechte an ihr verzichtete. Aber es besagte nicht, daß auch eine Frau ihren Mann verlassen könne. Die Pharisäer sehen voraus, daß Jesus mit dieser Ungerechtigkeit nicht einverstanden ist und sich gegen das Gesetz aussprechen wird. Und es handelt sich um ein Gesetz der Bibel, das Moses von Gott gegeben worden war.

Er antwortete ihnen: – Habt ihr nicht in der Schrift gelesen, daß der, der die Menschen erschaffen hat, sie als Mann und Frau erschuf? Und gleichfalls heißt es: »Darum wird ein Mann Vater und Mutter verlassen, um sich mit seiner Frau zu vereinen, und beide werden wie ein einziger Mensch sein.« So sind sie nun nicht mehr zwei, sondern eins. Was Gott zusammengefügt hat, das soll der Mensch nicht scheiden.

Goyito, ein sehr schüchterner Bauer, der nur ab und zu kommt, sagt: – Das bedeutet also, daß das Gesetz des Moses nicht ganz genau das Gesetz Gottes war. Es wird wohl eher ein Gesetz der Menschen gewesen sein als ein Gesetz Gottes.

Marcelino: – Gott schuf den Menschen nach seinem Ebenbild, was meiner Meinung nach bedeutet, daß der Mensch genauso eine Einheit von verschiedenen Personen sein soll wie Gott. Und er schuf ihn in Form von zwei verschiedenen Geschlechtern, damit sie sich vereinen sollten und wie Gott eins sein.

Rebeca, Marcelinos Frau: – Es ist die Liebe, die zwei Menschen vereint, und weil Gott die Liebe ist, sagt Jesus, Gott habe sie vereint.

Carlos: – Und was die Liebe vereint hat, kann der Mensch nicht scheiden, also in diesem Fall auch das Gesetz Mose nicht.

Ich: – Das soll auch heißen, daß Gott zwei Geschlechter geschaffen hat, die einander gleichwertig sind, weil er das Menschengeschlecht frei wollte, ohne irgendeine Art von Ausbeutung zwischen den einen und den anderen. Der Verlust des Paradieses war der Anfang der Ausbeutung. Darum heißt es, von da an würde die Frau vom Mann beherrscht werden, geradeso wie den Menschen auch die zukünftigen Schmerzen der Menschheit (mit Schmerzen gebären), die Entfremdung der Arbeit, der Konflikt mit der Natur und der Tod angekündigt wurde. Aber Christus erklärt hier, daß die Ausbeutung, da sie nicht von Anfang an bestand, auch nicht für immer bestehen bleiben wird, und daß der Mensch dazu berufen ist, die Freiheit und Gleichheit des Paradieses zurückzuerobern.

Goyito wiederholt: – Nicht ganz genau das Gesetz Gottes also.

Da fragten sie ihn: Warum hat dann Moses geboten, der Frau einen Scheidebrief zu geben? Jesus antwortete: Moses hat euch erlaubt, euch von euren Frauen zu scheiden wegen eurer Hartherzigkeit; aber am Anfang ist es nicht so gewesen.

Alejandro: – Moses hatte ihnen dieses Gesetz gegeben, weil es zu der Zeit sowieso praktiziert wurde.

Ich: – Die Praxis war, daß zu jener Zeit die Frau keinerlei Rechte hatte; sie war einfach ein Besitz des Mannes, wie irgendein Gegenstand oder wie ein Sklave. Darum sagt Jesus, »wegen ihrer Hartherzigkeit« sei ihnen dieses Gesetz gegeben worden. In dem sozialen System jener Zeit war es unmöglich, weiterzugehen, darum befiehlt

Moses, der Mann solle wenigstens ein Schriftstück unterschreiben, um die Frau als frei zu erklären.

Alejandro: – Dieses Gesetz war also schon ein kleiner Fortschritt, und darum konnte man auch sagen, daß es von Gott gegeben war; später würde man das Gesetz verbessern können. Dieses Gesetz war das Extremste, was die Männer in jenem Sklavensystem akzeptieren konnten.

Ich sage: – Das gleiche geschah auch mit der Sklaverei: Gott hatte den Israeliten das Halten von Sklaven verboten, weil er sie alle aus der Sklaverei Ägyptens befreit hatte. Aber da sie dieses Gesetz nicht befolgten, wegen ihrer »Hartherzigkeit« (wegen der historischen Gegebenheiten jener Zeit), gab es im Gesetz Mose auch Gesetze, die die Sklaverei regulierten und sie etwas milderten, zum Beispiel das Gesetz, in jedem »Jubeljahr« alle Sklaven freizulassen.

Felipe: – Die Pharisäer glaubten, alles würde immer so bleiben, wie es war. Sie dachten, was zu Moses Zeit Gültigkeit hatte, müßte immer gültig bleiben. Und sie glaubten, jedes Gesetz sei heilig. Jesus erklärt ihnen hier, daß dieses Ehegesetz, das sie hatten, ihnen nur gegeben wurde, weil sie so egoistisch waren, genau wie die Sklavengesetze oder das Gesetz des Privateigentums.

Elbis: – Ich glaube, in Wirklichkeit ist das Paradies die Gesellschaft der Zukunft, wenn der Mensch nicht mehr egoistisch ist. Wenn Jesus ihnen hier davon erzählt, wie der Mensch im Paradies war, dann darum, weil er ihnen sagen will, daß der Mensch einmal wieder so sein wird. Anderenfalls hätte es gar keinen Sinn, vom Paradies zu sprechen, von irgend etwas, das weit in der Vergangenheit liegt.

Carlos: – Ich glaube, das Gesetz hat nur einen vorübergehenden Charakter. Es ist dem Menschen nützlich, weil es die Ungerechtigkeit mildert. Aber das Gesetz entwickelt sich immer weiter, und es wird die Zeit kommen, da der Mensch überhaupt keine Gesetze mehr nötig hat. In Wirklichkeit kam Christus, um jede Art von Gesetz aufzuheben, außer dem Gesetz der Liebe. Auch Paulus sagt: »Weg mit dem Gesetz.« Aber es kostet uns Mühe, wir klammern uns an das Gesetz, weil wir noch voller Sünde sind.

Ich sage euch: Wer sich von seiner Frau scheiden läßt, es sei denn wegen Ehebruchs, und eine andere heiratet, der bricht die Ehe.

Felipe: – Also, ich würde sagen, das geht nicht, seine Frau verlassen, weil eine andere sympatischer ist oder hübscher oder was weiß ich ... Aber ich glaube, heute kann man mit dem Wort Ehebruch nicht mehr viel anfangen, es bedeutet nicht mehr viel. Man könnte sagen, es ist eine Ungerechtigkeit ...

Goyo: – Es ist eine Fälschung, wie wenn man etwas Reinem, einer Flüssigkeit zum Beispiel, etwas anderes beimischt, und dann wird sie trübe. Sie ist nicht mehr das, was sie vorher war*.

Ich sage: – Es ist eine Fälschung, wie Goyo sagt, wie das, was sie mit der Milch machen und mit vielen anderen Produkten. Und das ist eine Ungerechtigkeit, eine Verfälschung der Liebe.

Gloria: – Hier steht, im Fall von Ehebruch kann der Mann seine Frau verlassen. Kann in diesem Fall auch die Frau ihren Mann zum Teufel schicken?

Laureano: – Die Frauen werden andauernd von ihren Männern betrogen ...

Gloria: – Das ist der Männlichkeitswahn ...

Goyo: – Zu jener Zeit schützten die Gesetze nur die Männer. Christus erklärt Mann und Frau gleich, aber nicht durch ein anderes Gesetz, sondern durch die Liebe, das größte aller Gesetze und auch das schwerste.

Alejandro: – Jesus steht auf seiten der Frau, weil er immer auf seiten der Schwächeren steht.

Ich sage: – Und er ist gegen das Gesetz, das den Schwächeren unterdrückt. Wie auch im Fall der Ehebrecherin, wo er sich auf die Seite der Frau stellte und gegen das Gesetz. Jesus war gegen das Gesetz der Ehescheidung, weil es ein Gesetz war, das die Frau unterdrückte. Aber wenn das Verbot der Ehescheidung sich in ein Gesetz der Unterdrückung für einige Männer oder einige Frauen verwandeln würde, dann wäre Jesus, so scheint mir, auch nicht mit diesem neuen Gesetz einverstanden.

Carlos: – Ich glaube, Jesus stellt etwas anderes über dieses Ehescheidungsgesetz, und das ist die Liebe. Wenn keine Liebe mehr da ist, dann ist nichts mehr da. Was für eine Bedeutung hat es dann noch, ob es Gesetze gibt oder nicht. Soll das heißen, daß wir die Ehescheidung gut finden? Nein. Was wir verteidigen, ist die Liebe. Aber wenn die Einheit sowieso schon zerstört ist, dann ist die Sünde schon geschehen, und es gibt nichts, was sie noch retten könnte. Und

---

* Im spanischen bedeutet »adulterar« gleichzeitig etwas verfälschen (z. B. Wein) und ehebrechen.

es handelt sich nicht nur um die Untreue. Es kann Menschen geben, die auf sexuellem Gebiet sehr rein und keusch sind, aber wenn sie nicht mehr lieben, ist die Einheit auch so zerstört.

Olivia: – Das Wichtigste ist, daß beide eine Einheit sind. Wenn das nicht der Fall ist, kann kein Gesetz etwas daran ändern.

Carlos: – Aber hier sehen wir auch, daß die Ehe für immer sein muß. Denn die Liebe, das, was Gott vereint hat, muß für immer sein. Und das können wir auch von der Freundschaft sagen, die auch eine Freundschaft für immer sein muß.

Gustavo, ein junger Südamerikaner, der aus Gründen seines Privatlebens aus Kuba ausgewiesen wurde: – Ich glaube auch, wie Carlos sagt, daß wir das genausogut auf die Freundschaft anwenden können, aber auch auf die andere Art Verbindung, die von den Leuten für gewöhnlich nicht akzeptiert wird, in der es aber auch wirkliche Liebe geben kann. Heute erkennt man in vielen Ländern an, daß auch die Homosexuellen unterdrückt wurden. Auch in ihrem Fall beginnt sich ihre Befreiung als menschliche Wesen abzuzeichnen. Ich glaube, diese Befreiung kann nur durch die Revolution erreicht werden, innerhalb des Sozialismus. Es ist sehr schade, daß die Revolutionen der Vergangenheit diese Problematik nicht verstanden haben. Die kubanische Revolution zum Beispiel, die so viele Dinge veränderte, hat dieses Problem noch nicht verstanden. Ich glaube, es handelt sich um ein Thema, das von den revolutionären Christen und den revolutionären Marxisten diskutiert werden sollte; darum habe ich es hier zur Sprache gebracht.

Goyito: – Nach den Worten Jesu ist es Gott, der in einer Liebes- oder Freundschaftsbeziehung zwei Personen vereint. Wer trennt, das heißt, wenn es zur Trennung kommt, ist der Mensch. Zur Trennung kommt es, weil die Liebe verfälscht worden ist oder wenn einer von beiden untreu geworden ist, was eine Verfälschung des Glaubens ist.

Carlos: – Von dem Augenblick an, in dem einer seine Frau nicht mehr liebt, hat er sich schon von ihr getrennt. Zwei Eheleute können zusammenbleiben, weil es das Gesetz so will oder wegen anderer äußerer Gründe, aber die einzige wirkliche Verbindung ist die Liebe. Und die Liebe ist immer frei. Vielleicht besteht die Kirche auf dem Verbot der Ehescheidung, damit die Einheit nicht so schnell zerstört wird; aber das scheint mir ziemlich oberflächlich von der Kirche, eine Kurzsichtigkeit.

Ich: – Zusammengefaßt können wir sagen, daß das, was Gott (die

Liebe) vereint hat, weder von den Menschen noch von irgendeinem Gesetz getrennt werden kann; aber das, was Gott (die Liebe) nicht vereint, kann auch von keinem Menschen und keinem Gesetz vereint werden.

Goyo sagt: — Wenn einer mit dem anderen vereint ist, sind beide eins. Wir könnten sagen, der eine ist ein Teil vom anderen. Über diesen Teil können wir nicht verfügen oder ihn verkaufen, weil er auch ein Teil vom Ganzen ist. Nur beide gemeinsam können entscheiden. Beide sind ein und dasselbe. So ist die Liebe, die Gott uns gegeben hat.

Felipe: — Weder der Mann noch die Frau können für sich allein entscheiden. Sie stehen beide auf einer gleichen Ebene, so wie es am Anfang im Paradies vorgesehen war, Partner und Partnerin und nicht Herr und Sklavin. Nur so ist die Liebe frei, ohne Unterdrückung des einen durch den anderen, und so wird auch die Gesellschaft frei.

Ich sage: — Wenn Jesus von der Liebe zwischen zwei Menschen spricht, bezieht er sich weder auf das Gesetz Mose noch auf irgendein anderes Gesetz, sondern auf das Paradies. Ich glaube, er will uns damit sagen, die Liebe und das Paradies seien ein und dasselbe. Und auch, daß unser Ziel das Paradies ist.

Da sagten seine Jünger: Steht die Sache eines Mannes mit seiner Frau so, dann ist es am besten, nicht zu heiraten. Jesus antwortete: Das verstehen nicht alle, sondern nur diejenigen, die von Gott erleuchtet sind.

Felipe: — Die das sagten, waren Männer, die die Sache von ihrem männlichen Standpunkt aus sahen. Wenn sie ihre Privilegien verlieren sollten, fanden sie es besser, frei zu sein, weil so die ganze Sache nicht mehr so war wie früher.

Ich sage: — Tatsächlich antwortet ihnen Jesus, es sei besser, frei zu sein, aber nicht wegen dieser menschlichen Erwägungen, sondern aus anderen Gründen, die ihnen nur Gott zu verstehen geben könnte.

Carlos: — Die Liebe gibt es ihnen zu verstehen. Es wird nur von denen verstanden, denen Gott sich selbst gibt. Gott, der die Liebe ist.

Antenor: — Die Jünger verstanden es später, denn tatsächlich heirateten sie nicht, sondern sie blieben ledig, so wie Christus.

Goyo: — Das ist eine noch freiere Liebe als die andere.

Denn einige enthalten sich der Ehe, weil sie von Geburt an zur Ehe unfähig sind; andere enthalten sich, weil sie von den Menschen zur Ehe untauglich gemacht wurden; und wieder andere enthalten sich, weil sie um des Himmelreichs willen auf die Ehe verzichten. Wer es fassen kann, der fasse es.

Alejandro: – Es gibt welche, die körperlich kastriert sind, und andere, die seelisch kastriert sind, wie viele Priester, die ledig bleiben, weil ihre Religion es ihnen vorschreibt. Das sind auch Frustrierte, die von den Menschen untauglich zur Ehe gemacht wurden.

Carlos: – Da stimme ich mit Alejandro überein: Es gibt Menschen, die regelrecht kastriert werden von diesem Gesetz, das die Ehelosigkeit der Priester vorschreibt; und Priestertum und Ehelosigkeit müssen nicht unbedingt Hand in Hand gehen. Ein anderer Fall ist es, wenn man sich wirklich zum Zölibat berufen fühlt.

Ich: – Das ist der Fall all derer, die – wie Christus sagt – sich selbst kastrieren, die auf die sexuelle Liebe verzichten wegen ihrer Liebe zum Reich Gottes. Paulus fand das Zölibat besser, weil es ihn freier machte, für das Reich Gottes zu arbeiten. So denken auch viele Revolutionäre, selbst nichtchristliche, die aus diesem Grund auf die Ehe verzichteten. Che Guevara sagte, die Revolutionäre der vordersten Linie müßten eine Liebe zum Volk haben, die »einzig und unteilbar« sei, und die darum auf die »kleine Dosis täglicher Zärtlichkeit«, deren sich der normale Mensch erfreut, verzichten sollten. Und das erinnert mich an einen Ausspruch Fidel Castros anläßlich meines Besuches in Kuba: der Che sei »wie ein Priester« gewesen in seiner Hingabe und seinem Opfergeist. Bei der gleichen Gelegenheit sagte er mir: »Sieh mal, alle die Eigenschaften, die ein Priester haben muß, sind auch die Vorbedingungen für einen guten Revolutionär.« Ich glaube, eine dieser Eigenschaften, an die er dachte, ist auch die Ehelosigkeit. Auch Fidel Castro ist ein Mensch, der nur mit der Revolution verheiratet ist.

Alejandro: – Wer sein Haus, seine Frau und seine Kinder um der Revolution willen verläßt, hat sich nicht von der Liebe getrennt. Er trennt sich von seinen Angehörigen, um sich mit ihnen und allen anderen in einer größeren Liebe zu vereinen, der Liebe, die Christus die Liebe zum Himmelreich nennt.

Goyo: – Wer heiratet, ist glücklich, weil er heiratet, aber wer aus diesem Grund nicht heiratet, ist auch glücklich, weil die Liebe zum Reich Gottes auch eine Liebe ist.

Ich: – Genau das ist es, was Christus hier sagt. Und zum Schluß fügt er hinzu: »Wer es fassen kann, der fasse es.« Es fassen können heißt, diese Kraft der Hingabe besitzen. Aber Christus sagt auch, daß nicht alle zu dieser Hingabe bestimmt sind. Auch Paulus findet die Ehelosigkeit besser, aber er ist der Meinung, daß nur wenige dazu fähig sind. Und der Che unterstreicht, daß es am besten für einen Revolutionär der Avantgarde sei, nicht gebunden zu sein. Wir Christen können noch etwas anderes hinzufügen: Wer aus Liebe zum Reich Gottes auf die Ehe verzichtet, geht eine andere Ehe ein, und das ist die Ehe mit Gott (der Liebe). Christus spricht hier von der Ehelosigkeit aus »Liebe zum Himmelreich«. Und an einer anderen Stelle sagt er, das Himmelreich sei wie eine Hochzeit.

Der gute Hirte

(Johannes 10, 7–16)

Ich beginne: – Im Altertum wurden nicht die religiösen Führer Hirten oder Pastore genannt, sondern die Könige und politischen Führer. Homer nennt die Könige »Hirten der Menschen«. Und so nennt sie auch die Bibel; die Priester und Propheten bezeichnet die Bibel nie als Hirten. Der Prophet Hesekiel sagt von den Führern Israels, sie seien wie Hirten, die die Milch trinken, sich mit der Wolle kleiden und die fettesten Schafe schlachten, und darum habe sich die Herde zerstreut und in den Bergen verirrt. Und Jahwe würde ihnen die Schafe »vom Mund wegnehmen«, er selbst würde ihr Hirte sein und sie wieder vereinen. Mit einer Herde war in jener Zeit das Volk gemeint.

Ich sage euch: Ich bin die Tür zu den Schafen. Alle, die vor mir gekommen sind, waren Diebe und Räuber, aber die Schafe haben ihnen nicht gehorcht.

Gigi, unser peruanischer Freund, sagt: – Weil sie alle eine Macht besaßen, die sie mit Gewalt an sich gerissen hatten; und sie herrschten mittels einer sozialen Klasse, die sich durch die private Aneignung der Produktionsmittel und durch das Sklavensystem jener Zeit über die anderen gestellt hatte ...

Manuel: – Und auch die nach ihm kamen würden wieder Diebe und Räuber sein. Jesus sagt, daß nur er es nicht ist.

Einer fragt: – Und David und Salomon gehörten auch dazu?

William: – Jesus hätte diese Ausnahme sicher erwähnt ...

Felipe: – Er sagt, alle Regierungen seien Diebe und würden es auch weiter sein, weil ihre Gesetze dazu da sind, das Privateigentum zu schützen: den Raub.

Tomás: – Und sie morden auch, denn wenn sie dem Arbeiter nicht geben, was ihm zusteht, dann ist das wie ein langsamer Mord, nach und nach, jeden Tag ein bißchen, scheint mir ...

Alejo: – Und es ist auch klar, wie hier steht, daß das Volk solchen Leuten wie denen nicht gehorchte. Wenn sie mit Gewalt unterworfen wurden, wenn sie dazu gezwungen waren ...

Felipe: – Das Volk hielt nicht zu Herodes; das Volk hielt nicht zum Cäsar. Aber das Volk hielt zu Jesus, das heißt die Armen.

Elbis: – Ein anderes Beispiel: Die faschistische Militärjunta in Chile, die von der ganzen Welt gehaßt wird. Das Volk kann sich dort nicht wohl fühlen.

Alejandro: – Und wenn Jesus sagt: »Alle, die vor mir waren . . .«, dann bedeutet das, daß er sich als politischen Führer sieht.

Ich: – Ein Führer ist etwas Ähnliches wie ein Hirte, ein Pastor. So könnten wir dieses Gleichnis auch »das Gleichnis vom guten Führer« nennen.

Gigi: – Das war wirklich revolutionär von Jesus, alle diese früheren politischen Systeme zu verurteilen, indem er ihre Führer Diebe und Räuber nannte. Nach den Vorstellungen der damaligen Zeit waren diese politischen Systeme legal und sogar göttlichen Ursprungs.

Ich: – Aber was Jesus von den Königen hält, ist das gleiche, was die Bibel von ihnen hält. Als Israel sein will »wie die anderen Nationen« und auch einen König haben, sagt Jahwe ihnen durch den Propheten Samuel, der König würde ihre Söhne die Wagen lenken und das Land bebauen lassen und ihre Töchter zu Köchinnen und Bäckerinnen machen; er würde ihnen ihre Weinberge und Ölbäume wegnehmen und sie seinen Offizieren geben. Aber Israel besteht darauf, einen König zu haben und zu sein wie die anderen Nationen. Und mit diesen Königen geschah dann tatsächlich, was der Prophet Samuel vorausgesagt hatte, selbst mit David, der dem Urias die Frau wegnahm und ihn selbst töten ließ, und mit Salomon, der 1000 Frauen hatte. Es ist eben so, daß jeder König ein Dieb und Räuber ist.

Ich bin der gute Hirte. Der gute Hirte läßt sein Leben für die Schafe. Wer aber nur um Lohn arbeitet, sieht den Wolf kommen und verläßt die Schafe und flieht, weil er nicht der Hirte ist und die Schafe nicht ihm gehören. Und der Wolf ergreift und zerstreut die Schafe.

Manuel: – Die einen sitzen in der Regierung und bereichern sich, und die anderen geben ihr Leben für ihre Brüder.

William: – Und wer ist der Wolf? Ich glaube, der Wolf ist die Ausbeutung, der Mensch, der, anstatt Mensch für den Menschen zu sein, Wolf für den Menschen ist.

Gigi: – Es heißt, der Wolf ergreift die Schafe und zerstreut sie. Und die Ausbeutung teilt die Menschen in Klassen. Und das System der Ausbeutung schafft in der Gesellschaft den Individualismus und den Egoismus und verhindert, daß die Menschen vereint sind.

– Wir sind wie zerstreute Schafe – sagt Tomás.

Und Natalia: – Um vereint zu sein, müssen wir gleich sein. Hier sind einige Bauern zwar etwas besser gekleidet als die anderen, aber ich glaube, wir sind alle ziemlich gleich.

Manuel: – Im Stall sind alle Schafe vereint. Und Jesus ist gekommen, um die verstreute Menschheit zu vereinen: So muß der Stall seine Kirche sein.

Gigi: – Aber das mit den schlechten Hirten kann man auch auf die schlechten religiösen Hirten anwenden, nicht nur auf die Politiker, nämlich wenn sie sich die politische Macht mit den Politikern teilen und sich von den Schafen ernähren.

Einer der jungen Männer: – Ein Regierungschef muß wie Jesus ein guter Hirte sein, er muß das tun – reg dich bitte nicht auf über das, was ich jetzt ich sage, Pancho –, also das, was Fidel Castro tut. Ich kenne ihn nicht persönlich und weiß auch nicht viel von ihm, aber einiges habe ich doch gehört . . . Viele sagen, er ist ein verdammter Kommunist, der nicht an Gott glaubt . . . Mir ist es egal, ob er an Gott glaubt. Was mich interessiert, ist, daß er weiß, was das Volk braucht, daß er ihm Gutes tun will. Und daß er auch sein Leben aufs Spiel setzt für die anderen, also für sein Volk. Genau das tat auch Christus, nicht? Also, es ist klar, daß ich nicht nur Fidel Castro meine, sondern viele andere, die tot sind, ich glaube, es ist nicht nötig, Namen zu nennen, ihr versteht mich schon. Wir alle wissen, welches die Toten sind, die in unserer aller Herzen weiterleben.

Ich bin der gute Hirte. Ich kenne meine Schafe, und meine Schafe kennen mich, so wie mich mein Vater kennt und ich meinen Vater. Und ich gebe mein Leben für meine Schafe.

Donald: – Ein guter Hirte oder ein guter Führer ist kein Diktator, der in seinem Amtszimmer sitzt . . . Es ist einer, der sein Volk kennt, und das Volk kennt ihn.

Olivia: – Und Jesus sagt, so wie er seine Leute kenne, so kenne er seinen Vater. Es ist dasselbe Kennen.

Ich: – In der Bibel bedeutet Kennen oder Erkennen Liebe.

Gigi: – Christus zeigt sich hier als die Verbindung zwischen dem

Volk und der Liebe, das heißt Gott. Und er sagt, das Volk kenne auch ihn: Das Volk kennt die Liebe durch ihn. »Sie kennen mich« heißt, daß sie seine Botschaft der gegenseitigen Liebe kennen. Oder mit anderen Worten: Alle Welt weiß, daß die Menschen, die sich lieben, glücklicher sind, daß die Liebe die Welt besser macht, ohne den Egoismus und die antisozialen Kräfte, die sie immer beherrscht haben.

Ich füge hinzu: – Das Volk kennt die Liebe, wie du sagst, denn wenn Christus den Vater kennt, der die Liebe ist, und das Volk Christus kennt, so kennt es die Liebe. Christus und das Volk und die Liebe (Gott) sind ein und dasselbe.

Und ich habe noch andere Schafe, die sind nicht aus diesem Stall; auch diese muß ich herführen. Sie werden meine Stimme hören, und es wird eine Herde mit einem Hirten sein.

Einer der Jungen: – Das müssen die Schafe sein, die noch nicht gezähmt sind, die noch rebellisch sind.

Ich: – Ich glaube nicht, daß sie rebellisch sind; sie sind einfach nicht aus dem gleichen Stall. Er sagt, es seien *seine* Schafe, aber diese Schafe sind in anderen Ställen untergebracht. Es ist, als ob Jesus sagte: Außer der christlichen Kirche, die ihr kennt, habe ich noch andere Kirchen.

Ein Herr, der aus San Carlos gekommen ist: – Wahrscheinlich bezieht er sich auf die Sekten, wie die Adventisten oder die Zeugen Jehovas, die nicht im gleichen Stall seiner Kirche sind, aber die auch noch dahin gelangen werden.

Felipe: – Ich glaube, was Jesus wichtig findet, ist die Liebe und nicht, ob man zu der einen oder anderen Kirche gehört; und wenn er sagt, er habe noch andere Schafe, meint er, daß auch andere lieben, daß auch andere ihn und die Liebe kennen. Ich glaube, er meint nicht, daß es andere gibt, die auf andere Weise singen und beten als wir.

Olivia: – Er meint die ganze Menschheit, die nicht zur christlichen Kirche gehört, die aber trotzdem ihm gehört, weil es gute Menschen sind. Er bezieht sich auf die guten Menschen, die es überall auf der Welt gibt.

William: – Wenn wir das China Maos betrachten, wo es keinen Hunger mehr gibt, keine Prostitution, keine Unwissenheit, wo mit diesem entsetzlichen Elend aufgeräumt wurde, das dort herrschte, wo alle Menschen eine große Würde besitzen und wo es genügend Nahrung, Kleidung, Medikamente, Schulen, Vergnügungen für alle gibt ... das ist wie eine andere Kirche Jesu, eine Kirche mit einem anderen Namen.

Ich: – Und die Worte, daß es eine einzige Herde und einen einzigen Hirten geben wird, bedeuten, daß die ganze Menschheit vereint sein wird und daß es nur einen einzigen Führer geben wird: Christus, ein anderes Wort für Liebe.

Einer fragt: – Die ganze Menschheit? Auch die Ausbeuter?

William: – Die Ausbeuter sind die Feinde der Menschheit, die Wölfe, die nicht mit den Schafen zusammenleben können. Jesus sagt, er würde alle Schafe in einer einzigen Herde mit einem einzigen Hirten vereinen, aber er sagt nicht, daß auch die Wölfe dabei sein werden.

Francisco: – Der Mensch, der ein Wolf für den Menschen ist, muß zuerst aufhören, Wolf zu sein, ehe er bei den Schafen sein kann; anderenfalls ist es unmöglich, daß er zur Herde des guten Hirten gehört.

Gigi: – Was Jesus da sagte, war sehr revolutionär, und das ist es auch noch heute im 20. Jahrhundert: daß es viele Menschen gibt, die zu Jesus gehören, auch wenn sie außerhalb der Kirche stehen.

William: – Und es ist auch revolutionär, daß er sagt, er würde eine einzige Herde bilden aus denen, die zu seiner Kirche gehören, und denen, die nicht dazu gehören.

Gigi: – Und das sagt er zu einer Zeit, in der für die Juden alles innerhalb der Religion funktionierte.

Ein anderer: – Jesus sagt, er würde die Christen und die Marxisten vereinen.

Und noch ein anderer: – Und mit beiden eine einzige Revolution machen.

Gigi: – Und er räumt auch mit dem Nationalismus auf, in einer Zeit, in der die Juden einen religiösen Nationalismus praktizierten oder eine nationalistische Religion, nämlich indem er ihnen sagt, er würde aus ihnen zusammen mit allen anderen Völkern ein einziges Volk machen.

William: – Der internationale Proletarismus, sozusagen.

Gigi: – Welch ein Unterschied zwischen dem guten Hirten, den wir hier entdeckt haben, und diesem anderen auf den Heiligenbildchen: ein verweichlichter Jesus mit einem Schäfchen auf den Schultern ...

Olivia: – Von denen, die nicht zu seiner Kirche gehören, sagt Jesus, sie würden seine »Stimme hören«. Und das heißt, daß sie sein Gebot der Liebe erfüllen werden. Und darum wird die ganze Menschheit wie eine einzige Herde mit einem einzigen Hirten sein, weil die ganze Menschheit in Liebe vereint sein wird.

Iván: – Diese eine Herde mit einem einzigen Hirten bedeutet der perfekte Kommunismus.

Ich: – Eine Weltrevolution mit einem einzigen Führer oder mit einem einzigen König, wie man zu jener Zeit sagte.

Das Himmelreich und die Gewalt

(Matthäus 11, 12–19 und Lukas 16, 16–17)

Von den Tagen Johannes des Täufers bis hierher leidet das Himmelreich Gewalt, und die Gewalt anwenden, versuchen es wegzureißen.

Ich sage: – Zuerst habe ich nicht vorgehabt, diesen Vers zur Diskussion zu stellen, da er mir unkommentierbar erschienen ist. Die Bibelexperten behaupten, es sei unmöglich, herauszufinden, was Jesus damit sagen wollte, da dieser Satz im Griechischen zweideutig sei. Und wie sollen wir etwas kommentieren, von dem nicht einmal die Experten wissen, was Jesus damit sagen wollte! Darum kamen wir, als wir vor einiger Zeit über *Johannes den Täufer* sprachen, nur bis zu diesem Vers. Es ist oft gesagt worden, diese Stelle sei die dunkelste des ganzen Evangeliums. Die Sachverständigen behaupten, daß in dem entsprechenden griechischen Satz nicht auszumachen sei, ob das Zeitwort aktiv oder passiv gebraucht wird, das heißt, ob das Himmelreich selbst Gewalt anwendet oder ob es Gewalt erleidet. Gleichfalls ist nicht klar, ob diese Gewalt einen positiven oder einen negativen Sinn hat. Einige sagen (und das war bisher die gebräuchlichste Interpretation), daß man, um das Himmelreich zu erlangen, sich selbst Gewalt antun müsse; aber warum dies nur von der Zeit Johannes des Täufers an gilt, ist unklar. Andere sagen, die Stelle bedeute, das Himmelreich sei etwas Gewaltsames, da es unaufhaltsam über uns hereinbreche und weil es die bestehende Ordnung zerstöre. Wieder andere sehen es so, daß von der Zeit Johannes des Täufers an gewaltsam gegen das Himmelreich vorgegangen wurde, womit die Gewaltanwendung seiner Verfolger gemeint ist. Noch andere sagen, von Johannes dem Täufer an seien die Zeloten, die Vertreter des bewaffneten Kampfes, der neuen Lehre vom Himmelreich beigetreten, wie es der Fall des Petrus und anderer Jünger war, die zu den Zeloten gehört hatten. Und weitere sagen, die Zeloten, die Guerilleros der damaligen Zeit, hätten das Himmelreich mit Waffengewalt einsetzen wollen. Welcher dieser verschiedenen Interpretationen sollen wir glauben? Sollen wir einfach die aussuchen, die uns am meisten zusagt? Es ist sehr schwierig, über etwas zu sprechen, von dem wir nicht genau wissen, was es bedeutet . . . Jedenfalls schien es mir wichtig, zu versuchen, ob wir irgend etwas über diese Stelle zu sagen wissen.

Es folgt eine lange Stille. Ich wiederhole sehr langsam die schon gelesene Stelle, um allen Zeit zu geben, darüber nachzudenken.

Nach einer Weile spreche ich weiter: – Meiner Meinung nach sollten wir die erste Interpretation ausschließen, die Interpretation von den Gewalttätigen, die das Himmelreich dadurch erobern, indem sie sich selbst Gewalt antun, das heißt durch Askese, Opfer, Buße, Fasten und Selbstkasteiungen aller Art. Viele Jahrhunderte hindurch war dies die herkömmliche Interpretation, aber in Wirklichkeit sprach Jesus nie von solchen Sachen. Im Gegenteil, einige Verse weiter stellt er die Lebensweise Johannes des Täufers (der »weder aß noch trank«) seiner eigenen gegenüber (»der ißt und trinkt und von dem gesagt wird, er sei ein Fresser und Weinsäufer«). Es handelt sich um eine rein individualistische und »geistige« Auslegung, die jene ins Feld führen, die das Evangelium nicht politisch interpretiert sehen wollen. Mir scheint jedoch eher, daß Jesus von einer politischen Gewalt spricht, entweder von der politischen Gewalt derer, die mit Waffengewalt das Himmelreich einsetzen oder sonst auf irgendeine Weise an ihm teilhaben wollen, oder aber von der Gewalt der Feinde des Himmelreiches: Herodes, der Sanhedrin, der Römer.

Heute ist unser venezolanischer Freund, der Dichter Antidio Cabal, bei uns, der Vater Dionisios', der schon einmal hier war, und der Gatte der Dichterin Mayra Jiménez.

Antidio sagt sehr langsam und bedächtig: – Also, ich, wenn ich mich strikt an den Text halte, würde sagen, es handelt sich um eine Reaktion gegen das Himmelreich, die in dem Augenblick begann, in dem Johannes der Täufer auf der Szene erscheint . . .

– Der im Gefängnis saß und bald geköpft werden würde – unterbreche ich ihn.

Antidio fährt fort: – Genau darum. Es sieht so aus, als ob mit dem Auftreten Johannes des Täufers irgend etwas Neues ins Spiel käme. Es scheint, daß die Idee vom Himmelreich vor seiner Zeit ohne weiteres akzeptiert worden war. Aber mit seinem Erscheinen kommt irgend etwas Neues ins Spiel. Dieses Neue ist der Widerspruch, den es bei den herrschenden Autoritäten hervorruft. Es scheint, daß das, was Johannes der Täufer predigte, irgendwie nicht ins Konzept derer paßte, die auf irgendeine Weise die Beziehungen des Volkes mit Gott regulierten. Was nun kommt, ist mir nicht ganz klar, da der Text, auf den wir uns beziehen, auch nicht klar ist. Wir könnten darunter verstehen – oder auch nicht verstehen –, daß von zwei Arten von Gewalt die Rede ist. Jesus sagt: »... bis hierher leidet das Himmelreich Gewalt«, worauf er fortfährt: »... die Gewalt anwenden, versuchen es wegzureißen.« Es könnte also sein, daß es sich um Gewalt und Macht handelt: die Gewalt, die Johannes der Täufer mit sich brachte, der das Himmelreich auf eine andere Weise verstand, als es vorher verstanden wurde; und die Gewalt derer, die die Macht haben, das heißt die Macht des Geldes und der Waffen, also der herrschenden Autorität, und die sich den neuen Ideen Johannes des Täufers widersetzen. Das wäre also eine andere mögliche Interpretation ... Die beiden Male, die du den Text gelesen hast, Ernesto, schien es mir, daß du *Macht* mit *Gewalt* gleichsetzt. Also, das ist nur mein Eindruck, der genausogut richtig wie falsch sein kann ...

Ich sage: – Genau das dachte ich auch gerade: Vielleicht ließ Christus diese Frage offen, weil er es für richtig hielt; vielleicht meinte er zwei Arten von Gewalt. Und ich dachte auch, warum dieser Text eigentlich, so wie einige behaupten, für alle Zeiten unverständlich für uns sein soll. Bis heute ist uns noch keine Stelle des Evangeliums untergekommen, die wir nicht verstanden hätten. Vielleicht wollte Jesus diese Frage gerade darum offenlassen, damit wir darüber diskutieren sollten, so wie wir es hier tun. Vielleicht wollte er, daß wir die Gewalt der Befreiung der Gewalt der Unterdrücker gegenüberstellen sollten. Vielleicht sprach er, wie Antidio sagt, von zwei Arten von Gewalt.

Antidio: – Also, mir scheint, daß er hier von Gewalt und von Macht spricht. Es ist nun einmal so, daß es einerseits die *Gewalt* derer gibt, die das Schlechte unserer Strukturen verändern wollen, und andererseits die *Macht* der herrschenden Kräfte, die diese Veränderung zu verhindern versuchen.

Ich: – Vielleicht hilft es uns weiter, wenn ich hier den Kommentar eines Bibelforschers anführe: Das Wort *entreißen* hatte im Griechischen vor allem den Sinn einer Kriegsbeute, das heißt, etwas an sich bringen, den anderen etwas wegnehmen, um es untereinander zu verteilen. Und das wollen die tun, die in bezug auf das Himmelreich Gewalt anwenden.

Antidio: – Vielleicht läßt uns der nächste Vers etwas klarer sehen, wenigstens bis zu einem gewissen Punkt:

Alle Propheten und das Gesetz Mose verkündigten das Reich Gottes bis zur Zeit des Johannes.

Antidio fährt langsam und mit klarer Stimme fort: – Die Propheten und das Gesetz Mose verkündigten also das Gottesreich ... Bis Johannes der Täufer kam (der brachte also etwas Neues). Von dem Augenblick an versucht die herrschende Macht zu verhindern, daß das Reich Gottes Wirklichkeit wird. Es gibt also zwei verschiedene Situationen in bezug auf das Himmelreich: von Moses und den Propheten bis zu Johannes dem Täufer, und dann von Johannes an.

Mayra, Antidios Frau: – Vielleicht hatte Johannes der Täufer ein neues Konzept vom Gottesreich (der Verwirklichung der vollkommenen Gleichheit und Gerechtigkeit auf der Erde), und das mußte notwendigerweise Widerspruch hervorrufen: zuerst einmal einen Widerspruch in uns selbst und dann einen äußeren Widerspruch, nämlich die Gewaltanwendung derer, die sich dieses Reiches bemächtigen und uns die »Beute« entreißen wollen.

Ich sage: – Unter den »Propheten und dem Gesetz Mose« verstand man damals, was wir heute unter dem Alten Testament verstehen. Jesus sagt, die Bücher der Propheten und die Bücher Mose (also die ganze Bibel) *sprachen* von diesem Reich, das heißt, sie verkündigten es als ein Reich der Zukunft. Bis Johannes der Täufer kam. Von da an ist dieses Reich eine Realität. Jesus wollte das Gesetz Mose und das Gesetz der Propheten nicht verändern; an einer anderen Stelle sagt er, er sei nicht gekommen, um dieses Gesetz zu verändern, sondern um es zu verwirklichen. Und das Gesetz der Bibel ist nichts anderes als das Gesetz der Liebe. Der revolutionäre Bibelforscher Porfirio Miranda zeigt auf, daß Jesus keinerlei neue Botschaft brachte; er sagte nichts, was die Propheten nicht auch schon gesagt hätten. Die Propheten und Jesus verstehen genau das gleiche unter dem Reich Gottes, nämlich eine gerechte Gesellschaft, den perfekten Kommunismus auf der Erde. Der einzige Unterschied besteht darin, daß die Propheten dieses zukünftige Reich ankündigten, während Jesus sagte, es sei bereits gekommen. Das ist die einzige Neuigkeit. Und die Neuigkeit Johannes des Täufers, Jesu Vorläufer, bestand darin, zu predigen, dieses Reich sei »nahe herbeigekommen«.

Julio Castillo, ein Arbeiter aus Juigalpa: – Damit sagte er ihnen etwas sehr Schockierendes: die Zeit sei reif für eine Veränderung.

Ich: – Er sagte ihnen: »Die Revolution ist schon herbeigekommen.« Und darum kam mit Johannes dem Täufer auch die Gewalt. Vorher, als nur vom Gottesreich *gesprochen* wurde, gab es da kein Problem. Man sprach von einer zukünftigen Gesellschaft, die irgendwann einmal Wirklichkeit werden würde. Aber von nun an muß zur Tat geschritten werden, die Enteignungen, die Agrarreformen und all das, und jetzt kommt also die Gewalt ins Spiel.

Antidio: – Ich möchte gern ein Beispiel anführen, denn eben habe ich nur im allgemeinen gesprochen. Es handelt sich um das, was in Kuba geschehen ist. Eben sagte ich, die Gewalt sei eine Sache der Guerilleros und die Macht eine Sache der Regierung, die will, daß die Dinge so bleiben, wie sie bisher waren, und die sich der Veränderung, die die Guerilleros herbeiführen wollen, widersetzt.

Man könnte auch sagen, die Gewalt ist eine Art Macht, die eine ungerechte Situation verändern will, während die Macht eine Art Gewalt ist, die nicht will, daß sich eine ungerechte Situation verändert. Die erste Art und Gewalt wird von den Erneuerern vertreten (ein zeitgenössisches Beispiel ist Fidel Castro); es ist eine konstruktive und positive Gewalt, eine Gewalt der Gerechtigkeit, die nur darum existiert, weil es die andere Gewalt der Ungerechtigkeit gibt. Das ist es jedenfalls, was in diesem Augenblick geschieht. Das Himmelreich muß sich nun einer neuen historischen Situation anpassen: die gewaltsam eroberte Gerechtigkeit, im Sinn dieser Verse, und die von der herrschenden Macht aufrechterhaltene Ungerechtigkeit, gleichfalls im Sinn dieser Verse. Jesus bezieht sich also mit den Worten der damaligen Zeit auf eine gegenwärtige soziale und politische Situation, auf eine Situation, die in den meisten Ländern Amerikas und der ganzen übrigen Welt herrscht, die aber schon mit Johannes dem Täufer begonnen hat.

Ich sage: – Christus sprach vom Himmelreich als von etwas, das bald eingesetzt werden würde. Oft genug habe ich mich gefragt, warum es noch nicht da ist. Die einzige Erklärung, die ich dafür finde, ist, daß Jesus in eine Sklavengesellschaft hineingeboren wurde und die Menschheit noch viele andere Etappen durchmachen mußte. Wenn Jesus jetzt gekommen wäre, würde dieses Gottesreich, diese perfekte Gesellschaft, in kürzester Zeit eingesetzt worden sein; aber andererseits hätten wir, wenn er nicht damals geboren worden wäre, nicht den sozialen Fortschritt, wie er heute existiert. Er mußte in einer Sklavengesellschaft geboren werden und in ihr am Kreuz sterben. Und wir haben es ihm zu verdanken, daß dieses Gottesreich heute einen ganzen Schritt näher ist. Der kubanische

Volksheld Martí sagte im vorigen Jahrhundert, die Menschheit habe bereits die halbe Jakobsleiter hinter sich gebracht. Und von Martí bis heute ist sie noch ein paar weitere Stufen hinaufgestiegen, vor allem in seinem eigenen Land, in Kuba. Ich glaube, dieser Text ist uns durch die Worte Antidios um vieles verständlicher geworden; er erscheint mir nicht mehr so dunkel, wie die Sachverständigen behaupten, und wir können anfangen, darüber zu sprechen.

Esperanza: – Also, ich sehe das so, Ernesto: – Was seit Johannes dem Täufer anfing zu existieren, das passierte auch hier bei uns mit dem Evangelium. Von Religion wurde genug gesprochen, aber dabei blieb es auch. Aber jetzt, wo wir anfangen, das Evangelium in allen Einzelheiten zu entdecken, muß es notwendigerweise auch Gewalt geben, weil es gegen die Reichen ist, und darum ist es gewalttätig, weil die Reichen sich nicht einfach ihren Reichtum wegnehmen lassen. So bringt das Evangelium die Gewalt, man muß sie anwenden, auch wenn man nicht will.

Ich: – Das ist sehr einleuchtend, was Esperanza sagt. Früher war das Evangelium nicht weiter gefährlich; man dachte sogar, das Himmelreich wäre ein Reich oben im Himmel. Aber mit Johannes und Christus, richtig verstanden, fängt bereits die Gewalt an; die revolutionäre Gewalt und die gegenrevolutionäre Gewalt.

Olivia: – Man könnte auch sagen, von diesem Augenblick an beginnen die Gewalt der Liebe und die Gewalt der Ungerechtigkeit; das sind die beiden entgegengesetzten Arten von Gewalt. Denn es gibt auch eine gerechte Gewalt, eine Gewalt der Liebe, die gegen die Ungerechtigkeit und für die Liebe zwischen den Menschen kämpft.

Ich: – So scheint also Christus gemeint zu haben: »Die Propheten sprachen vom Himmelreich«, das heißt, sie *sprachen* nur davon. Aber jetzt ist die Zeit zum Handeln gekommen; jetzt sind Revolution und Unterdrückung klar voneinander getrennt.

Olivia: – Aber die revolutionäre Gewalt will mit aller Gewalt aufräumen und Liebe und Brüderlichkeit unter den Menschen schaffen.

Ich: – Wenn mit denen, die Gewalt anwenden, die Asketen gemeint gewesen wären, die ihrer eigenen Natur Gewalt antun, so wäre es unverständlich, wie sie irgendwem das Himmelreich »entreißen« können, da das Himmelreich eben nicht ein Reich im Himmel ist, wie man früher glaubte, sondern eine perfekte Gesellschaft hier auf der Erde. Wie kann ein heiliger Mann, ein Asket, anderen eine Gesellschaft entreißen und für sich selbst haben wollen? Wenn aber das Himmelreich eine Gesellschaft auf der Erde ist, wie wir bereits wissen, so ist es ganz klar zu verstehen, daß andere sie uns mit Gewalt entreißen wollen.

Antidio: – Ich möchte noch etwas hinzufügen. Ich habe den Text gerade noch einmal gelesen, und aus ihm geht ganz klar hervor, daß dieses Himmelreich nicht etwas ist, das plötzlich und ein für allemal kommt, sondern etwas, das sich nach und nach formt und das nach diesen Worten von der Gewalt sehr schwierig zu realisieren zu sein scheint. Und wenn es heißt, diejenigen, die Gewalt anwenden, würden versuchen, es an sich zu bringen, so muß ich daran denken, wie das Christentum fast 2 000 Jahre hindurch von dieser Gewalt der Mächtigen erobert worden ist, mit Ausnahme der 200 oder 300 Jahre des Urchristentums. Die Einsetzung dieses Reiches wurde von denen verhindert, die die Macht besaßen, die die Herren der Welt waren (der Waffen, des Geldes und der Kultur); sie haben sich dem Vorhaben Christi, eine gerechte Gesellschaft aufzubauen, widersetzt, und die Ungerechtigkeit faßte immer festeren Fuß. Sie rissen das Gottesreich weg und hielten es 1 700 Jahre lang gefangen. Das Gottesreich wäre heute schon Wirklichkeit, wenn die Menschen es gewollt hätten.

Julio, der Arbeiter aus Juigalpa: – Das Himmelreich ist der Kommunismus, aber der wirkliche Kommunismus . . .

Iván: – Und Johannes der Täufer war der Vorläufer dieses perfekten Kommunismus.

Und wenn ihr es glauben wollt, Johannes ist der Prophet Elia, der da kommen soll. Wer Ohren hat zu hören, der höre.

Ich sage: – Für die Juden war der Zyklus der Propheten bereits zu Ende; es konnte nicht mehr Propheten geben als die zur Bibel gehörigen. Aber man glaubte auch, daß der Prophet Elia, welcher der Überlieferung nach auf einem Feuerwagen von der Erde geholt worden war, vor der Ankunft des Messias zurückkehren würde. Das waren die letzten Worte des Maleachi gewesen, des letzten der biblischen Propheten. Zur Zeit Christi wurde der Prophet Elia sehr verehrt. Man erwartete seine Wiederkehr, und nach den Schriftgelehrten konnte Jesus nicht der Messias sein, da Elia noch nicht zurückgekommen war. Darauf antwortet Jesus, der Prophet Elia sei in der Gestalt Johannes des Täufers wiedergekehrt (der kein neuer Prophet war, weil es nach dem Alten Testament keine Propheten mehr geben konnte und jetzt die Zeit des Gottesreiches gekommen war). Aber Jesus präzisiert: »Wenn ihr es glauben *wollt*, dann ist Johannes der Prophet Elia ...« Ob er es war oder nicht, hing davon ab, ob sie ihn annahmen. Nach Maleachi sollte Elia kommen, um die Menschen untereinander zu versöhnen; heute würden wir sagen, um die sozialen Klassen abzuschaffen. Etwas später, als sie Johannes den Täufer schon getötet hatten, sagte Jesus: »Es ist wahr, daß Elia zuerst kommen muß, um alles in Ordnung zu bringen, aber ich sage euch, Elia ist schon gekommen, doch sie haben ihn nicht erkannt, sondern machten mit ihm, was sie wollten.« An der eben gelesenen Stelle fügt Jesus hinzu: »Wer Ohren hat zu hören, der höre«, was ebenfalls bedeutet, daß es von ihnen abhängt, ob Johannes Elia sei oder nicht. Andererseits habe ich gelesen, dieses »Wer Ohren hat zu hören ...« sei ein jüdischer Kehrreim gewesen, der immer wiederholt wurde, wenn irgendein dunkles Urteil ausgesprochen worden war.

Felipe: – Also, es hing von ihrem Bewußtsein ab.

Oscar: – Diese Worte bedeuten, daß wir kein Brett vor dem Kopf haben sollen, Mensch.

Julio: – Sie bedeuten, daß Elia immer noch kommen muß. Marx kann ein anderer Elia gewesen sein, wenn wir es glauben wollen.

Ich: – Die für eine Veränderung sind, die bereit sind, diese Veränderung zu akzeptieren, die nehmen sie an. Die anderen verstehen sie nicht. Und später sagen sie, man wisse nicht, was Jesus habe sagen wollen, und es bleibe für alle Zeiten unverständlich.

Oscar: – Ich glaube, Jesus will auch sagen, wir sollen nicht dumm sein und uns einfach etwas wegnehmen lassen. Aber wir sind so dumm und stehen nur dabei, wir hören und sehen nichts; wir wollen ein Gottesreich auf der Erde, aber wir kämpfen nicht dafür. Und ich glaube, da ist es, wo die Gewalt anfängt, wo wir gegen die kämpfen müssen, die uns das Gottesreich wegnehmen wollen.

Esperanza: – Aber das kann man nur durch das Evangelium verstehen. Wie viele Menschen gibt es, die nichts haben, die so arm sind, wie sie auf die Welt kamen. Die sagen: »Wer will mir schon etwas wegnehmen, wo ich doch nichts habe? Bei mir können sie ruhig einsteigen und sehen, ob sie etwas zum Stehlen finden.« Und diese Leute arbeiten vielleicht als Tagelöhner auf einer Hazienda und merken doch nicht, daß sie bestohlen werden.

Julio: – Darum soll man eben Ohren zum Hören haben.

Felipe: – Und es gibt auch viele, die rein gar nichts haben und doch

sagen: »Hu, der Kommunismus! Der will uns alles wegnehmen!«
Esperanza: – Wir müssen Ohren zum Hören haben und verstehen, was uns diese Worte des Evangeliums sagen wollen.

Olivia, Esperanzas Mutter: – Ich glaube, wir haben da eine schwere Verantwortung. Es handelt sich nicht nur ums Hören, sondern wir müssen auch verstehen, was wir hören, wie Esperanza sagt. Wir können nicht einfach sagen: Das habe ich nicht verstanden. Jesus sagt, daß es unsere Pflicht ist zu hören, wenn wir Ohren haben. Wenn wir unsere Ohren nicht benutzen, kümmern wir uns nicht um unseren Mitmenschen, und das ist ein Verbrechen.

Ich: – In Solentiname gibt es viele, die keine Ohren haben. Das sind die, die nie hierher kommen, um zu hören.

Esperanza: – Man muß es eben verstehen. Das hier ist nicht für alle.

Ich: – Und Jesus sah, daß sie auch ihm nicht zuhörten. Seine Worte übten keinerlei Wirkung auf sie aus, und darum fährt er fort:

Mit wem soll ich die Menschen dieser Zeit vergleichen? Sie sind wie die Kinder, die auf dem Marktplatz spielen und ihren Spielgefährten zurufen: Wir haben euch aufgespielt, und ihr wolltet nicht tanzen; wir haben euch traurige Lieder gesungen, und ihr wolltet nicht weinen.

Ich sage: – Jesus wählt ein sehr schönes Beispiel: Kinder, die keine Lust zum Spielen haben. Ihre Spielkameraden schlagen ihnen vor, »Hochzeit« zu spielen, aber sie wollen nicht; sie schlagen ihnen vor, »Beerdigung« zu spielen, und sie wollen auch nicht. Sie haben zu nichts Lust, alles langweilt sie. Jesus wird sich an die Spiele aus seiner Kinderzeit erinnert haben. Die Menschen sind wie diese Kinder, die zu nichts Lust haben, die nicht mitspielen wollen, weder bei dem einen noch bei dem anderen Spiel. Und darum ist das Gottesreich immer noch nicht da. Später erklärt Jesus die beiden Arten des Spiels:

Johannes aß und trank nicht, und ihr sagtet: Er ist besessen. Dann kam des Menschen Sohn, der ißt und trinkt, und ihr sagt: Dieser Mensch ist ein Fresser und Weinsäufer, der mit Sündern und Steuereintreibern verkehrt. Aber die Weisheit zeigt sich in ihren Werken.

Oscar: – Wie schön, daß Jesus auch gern ein Glas Wein getrunken hat! Ohne ein bißchen Freude wäre das Leben nämlich wirklich nichts wert.

Ich: – Es gab also zwei Arten, das Reich Gottes anzukündigen: Johannes betete und fastete, und die Leute sagten von ihm, er sei von einem Geist besessen, was damals soviel hieß wie verrückt. Jesus führte ein normales Leben und feierte sogar Feste, aber auch ihn wiesen sie zurück.

Oscar: – Und schließlich ging es dem einen wie dem anderen, beide wurden umgebracht. Und heute ist es noch genauso, man wird verfolgt und muß schließlich sterben, aber was nützt einem der Körper, der sich nur bewegt, ohne irgend etwas Wichtiges zu tun, irgendeine Tat, die wirklich was zählt? Jesus wendet sich da an die Ausbeuter, die nie ... Also jetzt weiß ich nicht mehr, was ich sagen wollte. Ein anderer soll weitersprechen.

Natalia: – Johannes betete die ganze Zeit, vielleicht dafür, daß sie seine Botschaft annehmen sollten, aber sie beachteten ihn gar nicht. Er betete da in der Wüste, und sie fragten ihn, ob er der Messias wäre. Er antwortete ihnen: Nein, aber da kommt er.

Ich: – Tatsache ist, daß auch Johannes der Täufer gegen die Ausbeutung predigte: gegen Herodes und die herrschende Klasse. Johannes war ein großer religiöser Führer; er schuf eine religiöse Bewegung, der sicher viele gefolgt wären, wenn er kein Revolutionär gewesen wäre. Sonst hätten die langen Gebete und das tagelangen Fasten sicher viele Anhänger gefunden. Auch uns würden sie selbst dann nicht akzeptieren, wenn unser Christentum voller Kulthandlungen und Heiligenverehrungen wäre, aber gleichzeitig revolutionär. Und ein Christentum, das ohne diese Gebete und Riten revolutionär ist, akzeptieren sie natürlich auch nicht.

Felipe: – Also, eines ist mir klar: Das Volk braucht keine Angst vor der Revolution zu haben. Es scheint mir logisch, daß alle die, die nicht arm waren, sich gegen Johannes den Täufer und Jesus stellten, weil keiner von beiden für die Reichen sprach, sondern gegen sie. Beide predigten das Christentum, das heißt die Befreiung der Armen.

Ich: – Aber ich glaube, Christus sagt hier, daß nicht nur die Reichen ihm keine Beachtung schenken, sondern auch nicht die Armen, weil sie an die Ideologie der Reichen glaubten. Jesus spricht hier von den Menschen im allgemeinen, ohne irgendwelche Unterschiede zu machen: »Womit soll ich die Menschen dieser Zeit vergleichen ...«

Antidio: – Ja, ich wollte eben auch davon sprechen ... Eins der größten Probleme jeder Revolution sind nicht die Reichen, sondern gerade die Armen. Die Armen besaßen nichts, man hatte ihnen alles weggenommen. Und zu diesen Dingen, die man ihnen weggenommen hatte, gehörte auch die Fähigkeit, sich ihrer Lage bewußt zu werden, das heißt, um mit den Worten des Evangeliums zu sprechen, man hatte ihnen auch die Ohren weggenommen. Man hatte ihnen das Bewußtsein weggenommen, daß die Kraft der Revolution in ihnen allein wurzelt. Ein weitverbreitetes Problem unter den Arbeitern und Bauern ist, daß sie, je ärmer sie sind, desto weniger Möglichkeit haben, sich ihrer Armut bewußt zu werden. Wenn man einem die gesamte zum Leben nötige Materie entzieht, nimmt man ihm den Sinn des Lebens selbst. Er kann nichts verstehen, weil man ihm auch den Verstand weggenommen hat.

Felipe: – Sie hören die staatlichen Radiosender und denken, alles, was sie ihnen da erzählen, wäre wahr.

Antidio spricht weiter: – Sie denken wie die Reichen, und gerade das ist ihr Unglück, weil sie es eben nicht sind. Die Reichen machen sich lustig über die Armen, wenn sie sie dazu bringen, so zu denken, zu fühlen und zu urteilen, als ob sie reich wären. Die Armen haben keine Bildung, und was man unter Bildung versteht, bedeutet in der Praxis, ein wirklicher, vollständiger Mensch zu sein. (Ich blicke um mich und sehe, daß viele Tränen in den Augen haben.) Niemand kann ein vollständiger Mensch sein, wenn er nicht genug zu essen hat, wenn er nicht für seine Gesundheit sorgen kann, wenn er nichts lernen kann. Wer nicht essen kann und nicht für seine Gesundheit sorgen und nichts lernen, versteht das Leben nicht; er weiß nicht, worin das Leben besteht. Und oft denkt er sogar, er wäre es nicht wert zu leben. Es ist nicht so, daß die armen Bauern von Solentiname, die am Sonntag nicht hierher kommen, nicht hören *wollten.* Das Schreckliche ist, daß sie nicht hören *können!* Nur in ganz bestimmten extremen Situationen sind sie fähig zu hören. Es gibt zwei Arten von Armen: Die weniger Armen sind die, die hören wollen und hören können; sie haben ihre Ohren noch. Das sind die, die bei der Revolution mithelfen. Und es gibt andere Arme, die nicht hören können; sie hören nie etwas, bis die Revolution kommt und ihnen sagt: Hier hast du dein Essen, hier hast du deinen Arzt, hier hast du deine Schule, hier hast du dein Haus, hier hast du deine Arbeit, hier hast du dein ganzes vollständiges Leben. Das ist es, was in Kuba geschah, wie Ernesto in seinem Buch erzählt. Die

Revolution machten nur einige wenige, unterstützt von den Intellektuellen und einem kleinen, wenn auch sehr wichtigen und entscheidenden Teil der Bauern. Aber daß die Revolution überlebt, ist nicht das Werk derer, die sie machten, sondern derer, die zuerst nicht hören konnten, die sie aber jetzt, nachdem sie sie einmal verstanden hatten, mit Zähnen und Klauen verteidigten. Und darum ist die Revolution immer noch nicht tot. Fidel Castro kam aus der Sierra Maestra mit denen, die Ohren gehabt hatten zu hören. Aber die Revolution besteht nicht dank derer, die sie machten, sondern dank jener anderen, die nicht zu ihrem Triumph beitrugen, sondern denen erst die Ohren geöffnet wurden, nachdem sie die Revolution gesehen hatten. Und das ist das ganze kubanische Volk. Aber das kubanische Volk hat die Revolution nicht gemacht; gemacht wurde sie nur von dem kleinen Teil, der Ohren hatte. Und alle die, die nicht hören konnten, weil sie keine Ohren hatten, lernten das Hören, indem sie die Resultate der Revolution sahen, die Wirklichkeit, die so verschieden von der Wirklichkeit war, die ihnen von der herrschenden Klasse eingeflüstert worden war. Sie sahen eine andere Wirklichkeit, und sie traten der Revolution bei; sie wurden zur Revolution. Eine Revolution macht also zwei Etappen durch, die kubanische Revolution und alle anderen Revolutionen: Die erste wird von denen begonnen, die Ohren haben um zu hören; und danach erhalten die sie aufrecht, die zuerst nicht hörten, weil man ihnen mit allem anderen auch die Ohren weggenommen hat. Und die Revolution gab ihnen die Ohren zurück und das Bewußtsein und die Fähigkeit zu denken ... Und nun gebt gut acht: Sie beginnen von dem Augenblick an zu denken und zu fühlen und Ohren zu haben, in dem sie genug zu essen haben, in dem ihre Krankheiten zu heilen beginnen ... Denn wenn ein Mensch genug zu essen und keine Magenschmerzen mehr hat und seine Kinder keinen Brechdurchfall, dann hat er plötzlich auch Zeit zu denken. Und wenn das Volk das Denken zurückerobert, wird es sich bewußt, daß die Geschichte von ihm gemacht wird, daß es das Volk ist, das alle Dinge schafft und erhält. Wenn das Volk das begriffen hat, beginnt es die von anderen begonnene Revolution zu erhalten, zu stützen und zu einer permanenten Revolution zu machen.

Ich sage: – Und das gilt auch für den letzten Satz Jesu: »Die Weisheit zeigt sich in ihren Werken.« Die Weisheit ist die Weisheit Gottes, obwohl Matthäus aus Ehrfurcht den Namen Gottes nicht ausspricht. Es ist der Plan Gottes in bezug auf das ganze Universum oder der ganze große kosmische Prozeß der Evolution, wie wir auch sagen könnten. Die »Werke Gottes« haben in der Bibel einen ganz bestimmten Sinn: Es sind die Werke der Befreiung, die Werke des Gottes, der sein Volk aus der Unterdrückung befreit. Jesus spricht auch von den Werken Gottes, indem er sagt, er sei es, der sie ausführe, oder, wie wir gleichfalls sagen könnten, er sei es, der die Revolution seines Vaters Wirklichkeit werden ließe. Sie nahmen weder Johannes den Täufer noch ihn selbst an, wie es hier heißt, aber die Weisheit Gottes oder der kosmische Plan Gottes zeigt sich in den Werken der Revolution, das heißt in ihren Resultaten; nicht in ihren Worten oder in ihrer Ideologie, sondern in ihren Werken. Antidio hat diese Werke schon erwähnt: Nahrung für alle, ärztliche Betreuung, Schulen ... Werke, die in Kuba schon verwirklicht wurden; das was man früher Werke der Barmherzigkeit nannte, obwohl wir besser Werke der Liebe sagen sollten.

Nach einer Weile sage ich, daß wir hier auch eine Stelle aus dem Lukasevangelium besprechen sollten, in der gleichfalls vom Himmelreich und der Gewalt die Rede ist. Viele sind der Meinung, diese Verse haben einen anderen Sinn als bei Matthäus, andere sagen, sie bedeuten sogar genau das Gegenteil, und alle sind sich darüber einig, daß es gleichfalls eine sehr unklare Stelle ist. Es handelt sich um Lukas 16, 16–17. Johny, ein zehnjähriger Junge, der in meiner Nähe sitzt, fragt mich, ob er sie vorlesen dürfe. Er steht auf und liest:

Das Gesetz und die Propheten reichen bis auf Johannes. Von da an wird die frohe Botschaft vom Reich Gottes verkündigt, und jedermann drängt sich mit Gewalt hinein. Es ist aber leichter, daß Himmel und Erde vergehen als daß ein Tüpfelchen vom Gesetz falle.

Ich sage, nach den Bibelexperten bedeute das soviel wie: daß alle mit Gewalt eindringen wollen und sich dabei gegenseitig bekämpfen. Bosco: – Die zwanzig Jahrhunderte, die seit Johannes dem Täufer vergangen sind, sind nichts im Vergleich zu der enormen Menge von Jahrhunderten, die die Menschheit schon alt ist. Und in diesen letzten zwanzig Jahrhunderten hat die Geschichte einen ungeheuren Schritt vorwärts getan, und sie entwickelt sich immer schneller. Außerdem wissen wir jetzt, wohin die Geschichte zielt, und können sie darum selbst beeinflussen.

Felipe: – Ich glaube, die Menschen früher verstanden das Gesetz Mose und die Lehren der Propheten sehr gut, aber weil sie sich nicht daran hielten, waren sie zu nichts nütze.

Ich sage: – Das Gesetz befahl, seinen Nächsten so zu lieben wie sich selbst. Gleichfalls sollte Israel ein freies Volk bleiben, in dem es keine Sklaven gab, und es sollte keine Armen unter ihnen geben. So lauteten auch die Lehren der Propheten. Aber die Menschen konnten sie damals noch nicht erfüllen, auch wenn die Gesetze und die Lehren klar zu verstehen waren, wie Felipe sagt.

Ivan: – Aber dieser Satz »Von da an wird die gute Nachricht verbreitet werden ...« bedeutet, daß eine radikale Veränderung stattfinden wird. Es kommt eine neue Gesellschaft.

Natalia: – Für mich bedeutet die gute Nachricht, daß wir alle befreit werden sollen.

Ich: – Es handelt sich um gute Nachrichten für die Armen, und wenn sie gut für die Armen sind, können sie nicht gut für die Reichen sein.

Myriam: – Also, ich glaube, die Menschen, die darum kämpfen, in dieses Reich zu kommen, das sind die, die für eine Veränderung sind.

Ich: – Aber es heißt, *alle* ...

Myriam: – Vielleicht alle Armen?

Bosco: – Vielleicht sind auch ein paar Schmarotzer dabei, die mit aller Gewalt hinein wollen.

Der siebenjährige Juan, Teresitas und Williams Sohn: – Um allen angst zu machen.

Ich: – Um den anderen angst zu machen ... Das kann ganz gut möglich sein. Zum Beispiel ein Pinochet oder andere wie er. Die sagen auch, sie wollten eine gerechte Gesellschaft schaffen.

Bosco: – Also, ich glaube, alle diese Leute wollen erst dann mit aller Gewalt hinein, wenn sie nicht mehr ihre Miamis haben und nicht wissen, wo sie sonst hin sollen. Dann will alle Welt in die Revolution hinein. Das heißt, wenn die Revolution auf der ganzen Welt gesiegt hat.

Teresita: – Nicht alle werden an der Revolution teilhaben.

Ich: – Hier steht nur, alle *wollen* es ...

Teresita spricht weiter: – Ja, aber wenn es kein Miami mehr für sie gibt, dann weiß ich nicht, was sie sonst tun sollen.

Bosco: – Ich stelle mir das so vor: Wenn sie nicht mehr wissen, wo sie hin sollen, dann wollen sie plötzlich auch an der Revolution teilnehmen. Sie schlagen sich sogar darum ...

Ich: – Hier heißt es, schon seit Johannes dem Täufer versuchten alle, an dem Reich teilzunehmen, oder sie kämpften sogar darum.

Elbis: – Wie Somoza, der auch sagt, seine Regierung wäre revolutionär.

Der zehnjährige Johny flüstert: – Das habe ich auch gehört.

Der siebenjährige Juan, der neben ihm sitzt, wiederholt laut: – Johny sagt, das hätte er auch gehört.

Ich: – Ich glaube, dieses *alle* bezieht sich auf Revolutionäre und Faschisten. Es heißt, alle versuchten hineinzukommen, aber es würde nicht allen gelingen ... Wenn wir Pinochet fragten, ob er eine gerechte Gesellschaft wolle, würde er bestimmt ja sagen, er wäre schon dabei, sie zu verwirklichen, mit anderen Worten, er wäre dabei, das Reich Gottes auf Erden zu verwirklichen.

(Johny, Juan und andere Kinder, die neben ihnen sitzen, müssen laut lachen.)

Dann sagt Juan: – Er tut viel Böses.

Ich: – Und in Wirklichkeit tut er viel Böses, wie Juan sagt. Wir haben jetzt also verstanden, was es bedeutet, daß alle mit Gewalt in dieses gerechte Reich wollen. Danach sagt Christus, Himmel und Erde könnten vergehen, aber das Gesetz würde sich auf jeden Fall erfüllen. Mit einem Tüpfelchen ist eine Art Akzent gemeint, der auf bestimmten hebräischen Buchstaben stand.

Bosco: – Ich glaube, das heißt, daß sich die Gesetze des Marxismus auf jeden Fall erfüllen werden, daß die Geschichte unaufhaltsam auf den Kommunismus hinmarschiert. Es ist eher möglich, daß die ganze Erde zerstört wird, als daß sich diese Gesetze der Geschichte nicht erfüllen.

Ich: – Und das ist sehr schön.

Bosco: – Es ist etwas, das uns Mut machen kann.

Elbis: – Es ist ein Prozeß, der sich nicht aufhalten läßt. Allende hat dazu einen sehr schönen Satz gesagt: »Die Geschichte ist unser, denn sie wird vom Volk gemacht.«

Ich: – Das, was Allende sagt, ist das gleiche, was Christus sagt; und das ist sehr schön, denn das Gesetz der Bibel war das Gesetz einer perfekten Gesellschaft. Es gibt viele, die glauben, es würde auf der Erde nie eine Gesellschaft geben, in der sich alle lieben, in der es weder Ungerechtigkeit noch Egoismus gibt, weder Schmerz noch Trauer, obwohl es in der Apokalypse heißt, alle Tränen würden getrocknet werden.

Bosco: – Somoza hat vor kurzem in einer Rede gesagt, es müsse

Reiche und Arme geben, denn wenn es keine Reichen gäbe, wer sollte dann den Armen helfen?

(Die Kinder lachen wieder.)

Bosco spricht weiter: – Und er sagte auch: »Wenn die Erde keinem gehört, wer soll dann den Bauern Arbeit geben?«

Teresita: – Das ist einfach Unwissenheit. Er weiß nicht, wohin die Geschichte zielt; der Arme hat keine Ahnung. In Kuba studieren alle die Lehren des Marxismus. Dort wissen alle, daß sich die Gesetze erfüllen müssen und daß die Geschichte immer weiter fortschreitet.

Juan, ihr kleiner Sohn: – Ohne die Reichen würden die Armen gut leben.

Ich: – Das ist gut, was Juan sagt, genau das Gegenteil von dem, was Somoza sagt. Somoza sagt, den Armen ginge es sehr schlecht ohne die Reichen, aber es ist genau umgekehrt, nicht wahr, Juan?

Alejandro: – Ich glaube, so wie Antidio eben das Beispiel Kuba erwähnte, so können wir auch Solentiname als Beispiel wählen. Ihr wißt alle, daß diese kleine Gruppe, die sich hier jeden Sonntag versammelt, von den anderen, die zu Hause bleiben, kritisiert wird. Sie sagen, was das denn für eine Kirche wäre, ohne Gebete, ohne Heiligenfiguren ... aber sie beten auch nicht bei sich zu Hause. Oder daß wir in der Kirche rauchen oder nach der Messe einen Schluck Rum unter den Mangobäumen trinken ... aber sie trinken (und betrinken sich) auch bei sich zu Hause. Ich will uns hier nicht loben, aber ich glaube doch, daß hier gute Dinge getan werden, Werke der Weisheit, wie es in der Bibel heißt. Ich könnte einige anführen, aber ich glaube, das ist nicht nötig.

Antidio: – Ich glaube, ich, der ich nicht von hier bin, sondern aus Venezuela komme, kann guten Gewissens behaupten, daß diese kleine Gruppe, die hier über das Evangelium spricht, einen großen Einfluß auf andere Christen und andere Menschen ausübt. Alle diese Leute, die zu Hause bleiben, tun nichts anderes, als zu Hause ihr Glas Rum zu trinken, und ich glaube nicht, daß ihr Rum heiliger ist als der Rum, der hier nach der Kirche getrunken wird. Aber eure Gruppe hier beeinflußt das revolutionäre Denken der Christen und Marxisten in Venezuela (und dabei spreche ich nur von denen, die ich persönlich kenne) und in vielen anderen Ländern. So kenne ich in Venezuela einen Christen, eine sehr wichtige Persönlichkeit des öffentlichen Lebens, der mir, als Ernesto Schwierigkeiten hier in Nicaragua hatte und erwog, sein Werk aufzugeben, sehr ernst und eindringlich sagte: Sprich mit Ernesto und den Leuten in Solentiname, schreibe ihnen und sage ihnen, daß sie nicht nur Nicaragua gehören, sondern auch uns, daß sie auch an uns denken sollen, weil wir durch sie vieles verstanden und viele unserer Probleme gelöst haben. Die also zu Hause bleiben, tun nichts anderes, als zu Hause zu bleiben; keiner hört sie, und sie haben keinerlei Einfluß auf die Menschen in den anderen Ländern Lateinamerikas, und nicht nur Lateinamerikas. Ihr wißt sicher, daß alles was ihr hier sagt, in viele andere Sprachen übersetzt wird. Ihr müßt euch klarmachen, daß das, was hier von Solentiname ausgeht, sehr wichtig für viele andere Menschen ist. Ich kenne Christen und Marxisten, die sagen, daß Solentiname eine Art Laboratorium für ganz Lateinamerika sei. Ich erzähle euch das nicht, damit ihr euch wichtig fühlen sollt, aber ihr sollt verstehen, daß ihr nötig seid. Und zum Schluß möchte ich noch etwas über die Armen sagen. Die Armen sind (abgesehen von vielen anderen Dingen, die den ganzen Morgen in Anspruch nehmen würden, wenn ich darüber sprechen wollte) vor allem die Arbeiter. Die Arbeiter, die Wege im Urwald schlagen, die Straßen bauen und Wagen, die auf diesen Straßen fahren; die Fische fangen und Baumwolle pflanzen und Kaffee pflücken. Es sind die Arbeiter, die alles *machen*: Sie machen die Wege, sie machen die Baumwolle, sie machen den Kaffee, sie machen die Wagen, sie machen alles. Sie sind es, die die ganze Welt machen. Und dann geschieht folgendes: Sie machen alle Dinge, aber wenn sie einmal gemacht sind, gehören sie nicht ihnen, sondern anderen; sie werden ihnen fortgenommen. Die Arbeiter machen also die Welt, aber die Nutznießer der Welt sind andere. Die Nutznießer sind die, die überhaupt nichts tun, die herrschende Klasse, die Reichen. Das an erster Stelle. An zweiter Stelle haben die Arbeiter, da sie die ganze Zeit arbeiten und alles machen, keine Zeit zum Denken. Sie sind arm, sie haben nichts als ihre *Arbeit*. Das ist das einzige, was sie haben. Sie sind wie Tiere, denen man einen kleinen Lohn gibt, damit sie ihre Kraft, die sie in die Arbeit gesteckt haben, nicht ganz verlieren und am nächsten Tag weiterarbeiten können, am nächsten Tag und in der nächsten Woche und im nächsten Monat und im nächsten Jahr. Man könnte auch sagen, sie sind wie Maschinen, wie ein Außenbordmotor an einem eurer Schiffe, der Benzin braucht, um funktionieren zu können, und der nie etwas anderes sein kann als ein Außenbordmotor. Dieser Motor bekommt seine tägliche Ration Benzin, mit anderen Worten, das bißchen Geld, das gerade dazu ausreicht, um Bohnen und Reis und eine Tortilla kaufen zu können, damit er nicht stirbt und weiter ein nützliches Objekt sein kann, das für andere produziert, aber nicht für sich selbst. Und ein Mensch, der den ganzen Tag für andere produziert und nur ißt und schläft, damit er am nächsten Tag weiter für andere produzieren kann, so ein Mensch kann nicht an das denken, was ich eben sagte, nämlich daß er es ist, der die Welt macht und verändert. Darum mußte die Geschichte einen Christus oder einen Marx oder andere Menschen hervorbringen, die nicht arm waren, sondern zur Klasse der Herrschenden gehörten, die sie jedoch verrieten (und in diesem Sinn ist der Verrat etwas sehr Schönes). Es sind Überläufer, das heißt, sie kehren ihrer Klasse den Rücken, weil sie sich schämen, zu einer Klasse zu gehören, die andere unterdrückt.

(Ich unterbreche Antidio, um zu sagen, Christus habe aber nicht zur herrschenden Klasse gehört.)

Nein, er gehörte nicht zur herrschenden Klasse, aber er war Gott, und darum habe ich ihn in die gleiche Kategorie eingereiht. Diese Überläufer merkten, daß es die Armen waren, die die Welt machen; sie waren die Theoretiker, die Intellektuellen. Marx war kein Arbeiter, und Engels war kein Arbeiter, aber sie sahen, daß die Weisheit der Welt von den Armen hervorgebracht wurde. Und dann nahmen sie diese Weisheit und schrieben Bücher darüber, die dabei sind, die ganze Welt zu verändern. Und das hat folgenden Sinn: Es ist nötig, daß die Armen, die Arbeiter der ganzen Welt, sich dessen bewußt werden, was sie tun, ohne zu wissen, daß sie es tun. Diese Außenseiter der herrschenden Klasse, die Gelegenheit hatten, sich zu bilden, sagen es den Armen. Sie sagen ihnen: Ihr Arbeiter seid es, die alle Dinge schaffen, und darum gehören euch diese Dinge. Wir wecken euer Bewußtsein, wir geben euch eure Ohren und euren Verstand zurück, damit ihr euch erhebt und das, was euch gehört, an euch nehmt; daß ihr es den Reichen, die es ungerechterweise an sich gerissen haben, wegnehmt, aber nicht nur für euch, sondern für die ganze Menschheit ... Die Reichen gehören einer sozialen Klasse an, die immer gedacht hat, nur sie wären Menschen. Aber jetzt wird von den Arbeitern gefordert, daß sie etwas für die ganze Menschheit tun, sogar für die Reichen, denn das sind vielleicht die Ärmsten von allen, weil sie keine Menschen sind, sondern nur *Reiche*. So haben die Armen, die ganze Arbeiterklasse, also zwei Aufgaben: zuerst einmal, aufhören, Arme zu sein, und sich in

Menschen zu verwandeln und all das zurückzuerobern, was man ihnen weggenommen hat; und zweitens, den Reichen ihren Reichtum wegzunehmen, damit auch die Reichen, einmal von ihrem Reichtum befreit, Menschen werden können. So besteht also die Aufgabe der Revolution, die von den Arbeitern gemacht wird, darin, alle die zu Menschen zu machen, die es nicht sind. Und wir alle sind keine Menschen, die einen, weil sie zu arm, und die anderen, weil sie zu reich dazu sind. Und das ist die große Verantwortung aller Arbeiter auf dem Land und in der Stadt. Es handelt sich nicht darum, die Reichen zu verfolgen und ins Gefängnis zu stecken ... diese armen Reichen. Nein, wir müssen Mitleid mit ihnen haben, aber natürlich nicht jetzt, sondern später, wenn die Revolution gesiegt hat. Dann müssen sie ernährt und gekleidet werden und ins Krankenhaus geschickt, wenn sie krank sind, und in Schulen, um das Leben neu zu begreifen.

Natalia: – Sie sind nur durch die Armen reich geworden, nur darum sind sie reich, weil die Armen immer für sie gearbeitet haben.

Antidio: – Jetzt sind sie noch Räuber und Plünderer; und ein Räuber, vor allem in diesem Ausmaß, ist kein Mensch, er weiß nicht einmal, was es bedeutet, ein Mensch zu sein.

Alejandro: – Der Neue Mensch, so wie ihn der Che gewollt hat. Das ist der wirkliche Mensch, den sie nicht kennen.

Antidio fährt fort: – Und ich sage noch einmal, ihr alle, die ihr hier in Solentiname lebt, dürft nicht denken, daß ihr nur Solentiname gehört oder nur Nicaragua; ihr gehört allen Menschen Lateinamerikas und der ganzen Welt, wie die christlichen und nichtchristlichen politischen Führer in Venezuela sagen. Heute sind wir in Venezuela endlich so weit, daß Christen und Marxisten zusammenarbeiten, weil sie im Grunde (und nicht nur im Grunde, sondern heute auch auf der Oberfläche) beide das gleiche wollen. Heute gibt es nichts mehr, was sie trennen könnte. Und das ist so sehr der Fall, daß das, was hier in dieser Kirche gesagt wird, nicht nur die Christen, sondern auch die Kommunisten interessiert, weil sie es als etwas Eigenes empfinden. So darf es heute also keine Trennung mehr geben; das einzige, was die Menschen untereinander trennt, ist, daß die einen reich und die anderen arm sind; die einen Ausbeuter und die anderen Ausgebeutete.

Natalia: – Wir Christen denken eben genauso wie die Kommunisten, und so könnte man sagen, daß wir in Gedanken verbunden sind.

Antidio: – Die Wichtigkeit Solentinames liegt in dem, was hier in dieser Kirche gesagt wird, und das ist nicht die Meinung einiger Halbgebildeter, wie wir sie an fast allen Universitäten finden (ich bin Universitätsprofessor und weiß, wovon ich spreche), weil das, was hier gesagt wird, aus der Praxis selbst kommt; es ist nichts Geträumtes oder Gedachtes, sondern etwas Gelebtes, das von Menschen gesagt wird, die arbeiten und die doch gleichzeitig die Möglichkeit hatten zu denken.

Ich sage: – Eigentlich können nur die Armen das Evangelium richtig auslegen, weil es auch von Armen geschrieben wurde, von armen Fischern. Ein Evangelium, das von Reichen ausgelegt wird, lautet sofort ganz anders, und so wurde es hier auch früher gepredigt: ein Evangelium nach der Ideologie der herrschenden Klassen, in dem die Möglichkeit eines Gottesreiches auf Erden einfach weggeleugnet wurde; in dem es nur in einem nebelhaften Himmel existierte, während es auf der Erde immer Ungerechtigkeit und eine Teilung in Arme und Reiche geben würde. Nach diesem Evangelium bewirkten weder Johannes der Täufer noch Christus irgend etwas hier auf der Erde, und nach seinen Auslegern müßten wir immer noch das gleiche tun wie die Propheten, nämlich nur vom Gottesreich *sprechen,* aber ohne es zu verwirklichen.

Adancito: – Also Jesus kam darum, »um unsere Seelen zu retten...«

Ich: – Aber ohne irgend etwas auf dieser Welt zu verändern.

Antidio fährt fort: – In Wirklichkeit ist es so, daß es die herrschende Klasse nicht nur toleriert, sondern daß es ihr sogar gefällt, wenn gegen sie geredet wird, denn so fühlt sie sich ungeheuer großzügig. Was sie jedoch nie toleriert (denn dann wird man sofort umgebracht), ist, daß etwas gegen sie *getan* wird. Das ist gerade das Schreckliche. Aber es gibt Worte, die Taten sind, und das ist es, was hier in dieser Kirche geschieht. Es ist wie das Bauen eines Weges. Es ist kein Sprechen, sondern ein Tun. Es handelt sich darum, der Welt zu zeigen, daß das Evangelium auf andere Weise gelesen und auf andere Weise ausgelegt werden muß. Und diese andere Weise treibt uns zur Tat, nicht zum Träumen oder zum Resignieren wie das reaktionäre Evangelium, wie es mir gepredigt wurde, als ich sechzehn oder siebzehn Jahre alt war, wo unser Pfarrer in Palma auf den Kanarischen Inseln so etwas Absurdes darin las, wie: daß die Mütter ihren Töchtern nicht erlauben dürften, Fahrrad zu fahren, weil man sonst ihre Beine sähe.

Ich: – Das Evangelium muß eben nicht gelesen, sondern getan werden. Christus sagt hier, die Weisheit zeige sich in den Werken. Das Evangelium ist keine erbauliche Lektüre, sondern Taten, wie die, die schon in Kuba verwirklicht wurden.

Olivia: – Oder wie hier in Solentiname. Viele sagen, hier sähe man nichts von Religion, und Ernesto wäre sonstwas, aber bestimmt kein Priester. Ich aber sage: Sie haben eben die Werke nicht gesehen.

Oscar: – Blöde Idioten.

Natalia: – Weißt du noch, Olivia, wie hier die Kirche voller Heiligenbilder war? Da kam kein Mensch zur Messe, und einmal mußten wir mit Buschmessern einen Weg bis hierher schlagen, um vier Uhr morgens fingen wir an, weil um zehn Uhr eine Messe sein sollte, und alles war zugewachsen und die Heiligen in der Kirche voller Fledermausscheiße. Und wer kam dann schließlich? Fast keiner!

Olivia: – Nur die Werke sind etwas wert, und hier sieht man jetzt die Werke, von denen Christus spricht, die Werke der Liebe. Und alle, die Augen im Kopf haben, begreifen, was das Evangelium bedeutet. Aber die anderen verstehen es nicht, und wenn sie mal hier waren, kommen sie nicht wieder; es sind Arme mit dem Herzen eines Reichen.

Alejandro, ihr Sohn: – Sie haben keine Ohren zum Hören, wie Antidio eben sagte. Sie können weder hören noch sehen.

Ich: – Ich glaube, wir müssen uns klarmachen, daß die Werke des Evangeliums hier noch nicht in ihrem ganzen Ausmaß verwirklicht werden. Wenn Olivia das meint, so geschieht das aus der Güte ihres Herzens heraus. Die wenigen Medikamente, die wir verteilen, sind nicht genug. Das bedeutet überhaupt nichts. Es ist auch nicht genug, daß wir die primitive Malerei der Bauern von Solentiname in der ganzen Welt zu verbreiten versuchen. Das alles sind nur Kleinigkeiten. Die wirklichen Werke des Evangeliums wie Wohnungen, Schulen, Krankenhäuser, Polikliniken kann eine Handvoll Leute, wie sie hier in der Kirche versammelt ist, nicht verwirklichen.

Antidio: – Ohne etwas übertreiben zu wollen, aber auch ohne etwas zu verschweigen, muß ich doch sagen, daß das Evangelium, wie es hier interpretiert wird, Tausenden von Menschen zugute kommt. Ich weiß nicht, wieviel Exemplare des ersten Bandes des *Evangeliums von Solentiname* inzwischen verkauft wurden, aber ich weiß, daß es in Venezuela mehr als tausend waren. Über tausend Personen nehmen teil an dem, was hier geschieht. Es ist eine Messe, die sich tausendfach vermehrt, wie ein Saatkorn, das ihr ausstreut und das tausendfache Frucht bringt. Dabei kommt es nicht darauf an, wieviel Exemplare von dem Buch verkauft werden, und auch nicht, wie viele Menschen es lesen. Es kommt darauf an, wie viele Menschen darüber nachdenken. Und die Menschen, die über dieses Buch nachdenken, wollen immer irgend etwas tun. Außerdem gibt jeder, der dieses Buch kauft, es an zwei oder drei andere weiter. So können wir sagen, daß, wenn wir hier 50 oder 70 Personen sind, wir nicht nur 50 oder 70 Personen sind, sondern ganz real und wirklich, wenn auch räumlich voneinander getrennt, fünf- oder sechs- oder siebentausend. (Ich unterbreche Antidio, um ihm zu sagen, daß, alle Sprachen zusammengerechnet, mindestens dreißigtausend Exemplare des *Evangeliums von Solentiname* verkauft wurden.) Er fährt fort: – Und dazu noch alle Artikel in Zeitungen und Zeitschriften und alle Vorträge in den Universitäten, wo uns die Studenten um die Originale bitten, um Fotokopien davon zu machen ... Und nicht nur die Christen interessieren sich für dieses Evangelium, sondern alle – um mit den Worten des Evangeliums zu sprechen –, die guten Willens sind. Und dieser gute Wille ist der Wille, etwas zu tun. Und das, was getan wird, ist etwas Gutes, nämlich die Einrichtung einer gerechteren Gesellschaft. Und das Interesse oder sogar die Leidenschaft, die dieses Buch erweckt, beziehen sich nicht nur auf seinen christlichen Inhalt; es sind zum großen Teil Nicht-Christen, die es lesen, die ein besonderes Interesse für diese Sachen haben. Mayra kann meine Worte bestätigen. Und ich erzähle euch das alles nicht, wie ich eben schon sagte, damit ihr euch wichtig finden sollt, sondern nötig. Ihr seid für viele Menschen nötig. Und ihr seid auch nicht allein und abgesondert hier auf euren Inseln. Ihr helft vielen anderen, so wie andere auch euch helfen, zum Beispiel, indem sie die Bilder von Solentiname kaufen. Das könnte man vielleicht negativ beurteilen, aber es ist auch positiv: Es gibt viele Menschen, die eure Bilder kaufen, nicht nur, weil sie sich für primitive Malerei interessieren (obwohl die Bilder sehr schön sind), sondern auch, weil sie aus Solentiname kommen. Wenn ich selbst hier lebte, würde ich vielleicht nicht so sprechen, aber weil ich aus einem anderen Land komme, kann ich euch aus diesem Land mitteilen ...

(Antidio spricht noch lange weiter, aber das Band unseres Tonbandgerätes ist auf beiden Seiten voll.)

Die Austreibung der Händler aus dem Tempel

(Matthäus 21, 12–17)

An diesem Sonntag sind einige Kanadier bei uns, die einen Film von uns drehen wollen. Es soll eine Botschaft Solentinames an den neuen Präsidenten der Vereinigten Staaten werden; sie haben keine vorgefaßten Ideen, der Film soll das sein, was die Menschen von Solentiname spontan ausdrücken. Der Titel würde lauten: *Ein Memorandum für Carter.* Sie beginnen die Dreharbeiten mit unseren Kommentaren zum Evangelium des heutigen Sonntags.

Jesus ging in den Tempel hinein und trieb alle Käufer und Verkäufer aus ihm hinaus; er stieß die Tische der Wechsler um und die Stühle der Taubenhändler und sagte zu ihnen: Es steht geschrieben: »Mein Haus soll ein Bethaus heißen, aber ihr habt eine Räuberhöhle daraus gemacht.«

Während uns die Kameraleute aus verschiedenen Richtungen aufs Korn nehmen:

Olivia: – Ich glaube, er trieb diese Leute aus dem Tempel, weil es Ausbeuter waren, weil aller Handel Ausbeutung ist, aber nicht, weil sie den Tempel mit ihren Tauben und anderen Tieren entweihten. Die Entweihung bestand in der Ausbeutung.

Gloria: – Und diese Tat Jesu richtete sich auch gegen alle, die Geschäfte mit der Religion machen ...

William: – Und im allgemeinen gegen alle, die die Religion – die verschiedenen Religionen der Geschichte – dazu benutzen, ein System der Ausbeutung aufrechtzuerhalten ...

Esperanza: – Der Unterschied zwischen dem Tempel von damals und den Tempeln von heute besteht nur darin, daß keine Tiere darin herumlaufen. Aber Händler gibt es immer noch darin.

Alejandro: – Jesus macht keinen Unterschied zwischen Diebstahl und Handel ...

Bosco: – Der Handel besteht eben darin, sich den Mehrwert der anderen anzueignen, anderenfalls wäre es kein Geschäft.

Ich: – In anderen Schriften, die nicht zur Bibel gehören, können wir nachlesen, daß die Konzessionen für die Verkaufsstände im

Tempel von einigen besonders mächtigen Familien vergeben wurden. Es scheint, daß Jesus nicht so sehr gegen die Händler war, die nur als einfache Angestellte arbeiteten, als gegen die Autoritäten, die verantwortlich für dieses System waren. Ihnen sagt er, sie hätten den Tempel in eine Räuberhöhle verwandelt. Vor kurzem las ich einen interessanten Kommentar: Im Griechischen bedeutete der Ausdruck »Räuber« gleichfalls »Freischärler« oder, wie wir heute sagen würden, »Guerilleros«. Und auch heute werden die Guerilleros der Sandinistischen Befreiungsfront vor dem Militärgericht Verbrecher genannt. »Räuber« wurden zu jener Zeit auch die Zeloten gerufen, und Jesus benutzte dieses Wort wahrscheinlich, um der Obrigkeit zu sagen, die wirklichen Räuber seien sie und nicht die Zeloten, die in den Bergen kämpften.

Oscar: – Der Tempel sollte ein Versammlungsort sein (wo Gott mitten unter ihnen war), aber mit all der Ausbeutung war es kein wirklicher Ort der Vereinigung. Denn dieser Handel war gegen die Liebe, und so konnte er nicht mehr dort sein.

Ich sage: – Wir müssen beachten, daß diese Wechsler nötig waren, da die Opfer mit einer ganz bestimmten Art von Geld gekauft werden mußten, nämlich mit der alten Währung der Juden, da im Tempel die übliche Währung, die der römischen Besatzung, nicht anerkannt wurde. Und auch die Tiere, die dort verkauft wurden, waren nötig, weil sie als Opfergaben dienten. Im Evangelium werden nur die Tauben genannt, vielleicht, weil das die verbreitetsten Opfertiere waren, da sie auch von den Armen gekauft werden konnten. (Maria, die arm war, opferte eine dieser Tauben als Jesus geboren wurde.) So hatte dieser Handel sozusagen eine liturgische Funktion. Aber es scheint, daß Jesus den Kult nicht besonders wichtig fand; was er wollte, war, daß kein Handel getrieben wurde.

Felipe: – Wenn in einem Land wie zum Beispiel Kuba aller Handel aufgehoben ist und es nicht einmal mehr Straßenverkäufer gibt, dann ist der Tempel sozusagen gereinigt.

Ich sage: – Jesus vereint hier in einem einzigen Satz zwei Prophetenworte: Das erste stammt von Jesajas, der gesagt hatte, Jahwes Haus solle ein Bethaus für alle Völker sein, und das zweite von Jeremias, in dem es heißt, dieses Haus sei zu einer Höhle geworden, in der sich die Räuber versammeln. Aber daß es ein *Bethaus* sein soll, scheint für Jesus zweitrangig zu sein; wichtig ist für ihn, daß es *für alle Völker* sein soll. Und der Widerspruch liegt für

110

ihn nicht so sehr zwischen Gebet und Handel, sondern der unvereinbare Widerspruch liegt darin, daß dieses Bethaus, das dazu dienen sollte, alle Völker zu vereinen und die ganze Menschheit zu befreien, zu einem Zentrum der Ausbeutung des Volkes wurde und zu einem Geschäft für einige wenige.

Alejandro: – Er verurteilt hier also alle Geschäfte, nicht nur die Geschäfte in den Kirchen. Alles Geschäftemachen wird als schlecht erklärt. Denn er sagt nicht: Ihr habt aus dem Tempel ein Geschäftshaus gemacht, sondern: Ihr habt eine Räuberhöhle daraus gemacht.

William: – Dinge verkaufen ist nichts Schlechtes. Wenn man sich nicht damit bereichern will . . .

Ich: – So wie die Leute, die am Sonntag Brot und Sprudel verkaufen; die können ihre Sachen ruhig hier in der Kirche anbieten. Da ist zum Beispiel Doña Felipe mit ihrem Brotkorb, die ihr Brot nach der Messe in der Kirche verkauft. Darin sieht keiner von uns eine Entweihung des Tempels.

Alejandro: – Es gibt eben welche, denen die Hand dabei ausrutscht. Natürlich muß jeder Verkäufer seinen kleinen Prozentsatz haben, davon lebt er schließlich, wir können von keinem verlangen, daß er uns seine Dienste gratis anbietet. Solange wir in einem System leben, in dem so etwas nötig ist . . . Aber Vorsicht, wenn einem dabei die Hand ausrutscht . . .

Natalia: – Alle Geschäfte, die ungerecht sind, bei denen man nicht an den Nächsten denkt . . . also, die sind schlecht.

Ich: – Als ich in Chile war, sagte mir ein revolutionärer Mönch, der zum M.I.R. gehörte, diese Angelegenheit sei eindeutig eine Kommandosache gewesen. Jesus allein hätte nie alle die Tische mit dem Geld und alle Verkaufsstände umstoßen können und alle Händler austreiben. Es ist bekannt, daß es eine Tempelwache gab, die dort für Ordnung sorgte.

Olivia: – Das ist möglich. Ich hätte nicht daran gedacht, aber es ist natürlich möglich, daß es so war.

Ich spreche weiter: – Jesus drang mit einer ganzen Gruppe in den Tempel ein. Im gleichen Evangelium heißt es weiter, die Obrigkeit hätte es nicht gewagt, gegen ihn vorzugehen, aus Angst vor dem Volk. Wahrscheinlich kamen sie gleichzeitig zu verschiedenen Türen herein, in einer Art Überraschungsaktion. Bei Matthäus heißt es, daß er nicht nur die Verkäufer, sondern auch die Käufer austrieb, und Johannes fügt hinzu, daß er überhaupt allen verbot, sich mit ihren Waren im Tempel aufzuhalten. So kann man sagen, daß er den ganzen Tempel unter Kontrolle hatte. Und als ob das noch nicht genug gewesen wäre, fängt er auch noch an, zu predigen und seine Lehren zu verbreiten. Das Evangelium berichtet, wie er einen Tag vorher im Triumphmarsch in Jerusalem eingezogen war wie ein König. Zu jener Zeit herrschte die Sitte, rote Teppiche unter den Füßen der Könige auszubreiten, und die Tatsache, daß das Volk seine Kleider vor ihm ausbreitete, bedeutete, daß es ihn zum König ausrief. Bei Matthäus heißt es, die ganze Stadt sei in Erregung gewesen. Und Markus fügt noch eine bedeutsame Einzelheit hinzu, nämlich daß Jesus nach seinem Einzug in Jerusalem den Tempel *inspektionierte.* Wörtlich heißt es: »Er ging in den Tempel und besah sich alles, und am Abend ging er mit seinen Jüngern hinaus nach Bethanien.«

Alejandro: – Er kundschaftete das Terrain aus ...

Laureano: – Es war wie eine dieser Kirchenbesetzungen, wie sie in der letzten Zeit überall geschehen.

Gloria: – Und mischten sich die Römer da nicht ein?

Ich: – Die Römer nahmen den Tempel sehr wichtig, da er das Zentrum der politischen Macht der Juden war. Über dem Tempel war ein römischer Turm errichtet worden, der Antoniaturm, von dem aus die Soldaten den Tempel ständig überwachten. Die Besetzung des Tempels ging also unter den Augen der Römer vor sich. Sie ließen Jesus gewähren, weil sie der Meinung waren, es handele sich um innere Unstimmigkeiten unter den Juden.

William: – So wie die nordamerikanischen Interventionen in unseren Ländern sich nicht in die Parteistreitigkeiten einmischen, solange diese Streitigkeiten ihre Interessen nicht bedrohen; sie glauben im Gegenteil, daß diese inneren Widersprüche ihre Interessen eher begünstigen.

Ich: – Pilatus kümmerte sich nicht um den Messianismus Jesu, da er die Sache für einen religiösen Konflikt hielt. Bis ihm die jüdischen Autoritäten zu verstehen gaben, daß dieser Messianismus ernste politische Auswirkungen hatte, weil er bedeutete, daß Christus ein König war und daß das ganze römische Machtgefüge durch ihn in Gefahr geriet. Und das leugnete Jesus vor Pilatus auch nicht. Er sagte nicht: Ich habe nichts mit Politik im Sinn, sondern: Ich bin ein König, darum kam ich auf die Welt.

William: – Es war eine symbolische Tat Jesu. Denn am nächsten Tag kehrten die Händler auf ihre alten Plätze zurück. Mir scheint,

Jesus war gar nicht so sehr daran interessiert, diesen Tempel von Jerusalem zu reinigen; seine Tat zielte vielmehr in die Zukunft.

Ich: – Die Worte des Propheten Jesaja, die Jesus zitiert, lauten nicht: »Mein Haus *ist* ein Bethaus für alle Völker«, sondern: »Mein Haus *wird* ein Bethaus für alle Völker sein.« Er bezog sich auf das messianische Zeitalter. So stimmt es tatsächlich, wie William sagt, daß Jesus nicht den Tempel der jüdischen Religion reinigen wollte (einen Tempel, von dem er sagte, daß er ihn zerstören würde), sondern daß es sich um eine symbolische Tat handelte, das heißt, daß in diesem Augenblick der neue Tempel des messianischen Zeitalters eingeweiht wurde, ein Tempel für die ganze Welt, in dem es keine »Räuber« mehr geben konnte. Und wahrscheinlich hatte Jesus auch noch eine andere Prophezeiung im Sinn, nämlich eine Prophezeiung des Zacharias, der sagte: »An jenem Tag wird es keine Händler mehr im Hause des Herrn geben.«

Julia: – Ich glaube, er meinte gar nicht den Tempel ... also diese Art von Tempel. Er meinte den Tempel des Menschen. Den Tempel, der der Mensch ist. Darum soll keiner von uns schlechte Geschäfte machen, meine ich.

Ich: – Darum haben wir gesagt, es handele sich um eine symbolische Tat. Die ersten Christen verstanden, daß sie Gott nicht in einem Tempel anbeten sollten. Paulus erzählt, er habe einmal im Tempel von Jerusalem gebetet und dort eine Vision gehabt, in der ihm gesagt wurde, er solle da weggehen. Und Johannes sagt in der Offenbarung, im Neuen Jerusalem würde es keinen Tempel mehr geben (als ob er ein materialistischer atheistischer Marxist gewesen wäre), wonach er hinzufügt, der Tempel sei das ganze Weltall. Und das bedeutet, daß es nirgends Geschäfte geben soll, nicht nur nicht innerhalb der Kirchen, sondern auch nicht auf den Straßen, auf den Plätzen und in den großen Kaufhäusern; im ganzen Weltall soll es keine Ausbeutung mehr geben.

William: – Julia nennt genau das schlechte Geschäfte, was die Geschäftsleute gute Geschäfte nennen.

Und es kamen Blinde und Lahme zu ihm, die er heilte. Als aber die Hohenpriester und Schriftgelehrten die Wunder sahen, die er tat, und die Kinder im Tempel schreien hörten: Hosianna dem Sohn Davids!, empörten sie sich und sagten: Hörst du, was sie rufen?

Ich: – Hosianna ist ein hebräisches Wort, das so viel bedeutet wie:

Hoch lebe ...! Aber wörtlich heißt es: Befreie uns! Es war ein Schrei, mit dem ein Volksheld begrüßt wurde. Sie schreien: Es lebe unser König Jesus! Im Evangelium heißt es, es seien »Kinder« gewesen, die das riefen, aber ich glaube, daß eher die jungen Leute damit gemeint sind, vielleicht die Jugendlichen, die mit ihm zusammen den Tempel gestürmt hatten. Jedenfalls können es keine kleinen Kinder gewesen sein, die nichts mit dieser Aktion zu tun hatten.

Alejandro: – Studenten wahrscheinlich.

Ich: – Im Evangelium heißt es, mit dem Ruf *Hosianna* sei Jesus am vorhergehenden Tag in Jerusalem begrüßt worden. Es werden die gleichen »Kinder«, also die gleichen Jugendlichen gewesen sein, die ihn vor allen anderen als König ausgerufen hatten.

Alejandro: – Ja, das stimmt wahrscheinlich. Früher hatten die Jugendlichen von 15 oder 18 Jahren nicht viel zu sagen; es waren die Alten, die das Heft in der Hand hatten, und diese Alten müssen fürchterliche Reaktionäre gewesen sein.

William: – Zu jener Zeit wurden alle Führer »Alte« genannt, eben weil die ganze Autorität in den Händen der alten Leute lag. Darum nannten auch die ersten Christen ihre Sprecher »Presbyter«, was »Alte« heißt, auch wenn es in Wirklichkeit jüngere Leute waren.

Alejandro: – Die Jugend hielt jedenfalls zu Jesus. Und das brachte die Alten auf die Palme.

Ich: – Was sie aufregte, war das, was sie riefen. Und es scheint, daß Jesus ihnen halb im Scherz antwortet, um sie noch mehr aufzuregen, nämlich indem er einen Psalm der Bibel zitiert:

Ja, ich höre sie wohl. Aber habt ihr nie die Schrift gelesen, in der es heißt: »Aus dem Mund der Unmündigen und Kinder hast du mir Lob bereitet?«

Julio: – Ich sehe jedenfalls, daß die Jugend von heute genauso schreit wie damals die, die mit Jesus im Tempel war. Auch heute ist es vor allem die Jugend, die eine Veränderung will, und das paßt den Reichen und allen, denen es gut geht, nicht, und darum versuchen sie, uns zum Schweigen zu bringen. Sie wollen keine Jugend, die schreit: Es lebe die Revolution! Es lebe die Freude! Was sie wollen, ist Ausbeutung und Traurigkeit.

Ich: – Aber auch wenn den Alten diese Rufe nicht paßten, so hielt das die Jugend von Jerusalem doch nicht davon ab, auf die Straße zu laufen und zu schreien: Es lebe die Revolution! Denn genau das bedeuten die Worte des Evangeliums: »Gelobt sei das kommende Reich!« Das Wort »Reich« bedeutet im Munde Jesu genausoviel wie heute das Wort »Revolution«.

Julia: – Und darum töteten sie ihn. Und sie hören nicht auf, alle die zu töten, die eine Veränderung wollen, ein neues Reich, eine Revolution.

William: – Das steht außer Zweifel, daß er mit allen seinen Leuten in den Tempel einmarschiert ist. Wenn er allein gegangen wäre, hätten sie ihn bestimmt umgebracht, denn diese Geschäftemacher sind die schlimmsten Leute, die es gibt. Das ganze Volk half ihm, die Tische umzuwerfen. Man sieht, daß alles bestens organisiert war. Und danach fand eine politische Versammlung statt. Dieser Satz mit den Blinden und Lahmen bedeutet, daß sich der Tempel mit Leuten von der Straße füllte.

– Abgesehen von den Jugendlichen und Studenten mit ihren Hochrufen – füge ich hinzu.

Gloria: – Aber danach zieht sich Jesus zurück. Er versucht nicht, den Tempel besetzt zu halten.

William: – Nein, denn sonst wären bestimmt die römischen Mariners gekommen.

Ich: – Jesus zieht in Jerusalem unter den Beifallsrufen des ganzen Volkes ein. Nach dieser Aktion im Tempel zieht er sich nach Bethanien zurück, wo er scheinbar sein Versteck hatte. Von dem Zeitpunkt an erscheint er nur noch überraschend in der Öffentlichkeit, und zum Schluß hält er sich ganz im Untergrund, so daß sie auf den Verrat des Judas zurückgreifen müssen, um ihn zu fassen. Als er später vor den Sanhedrin geführt wurde, kam auch die Sache mit dem Tempel zur Sprache ... Unter Hinzuziehung falscher Zeugen beschuldigte man ihn, gesagt zu haben, er würden diesen Tempel, »von Menschenhand gemacht«, zerstören, um einen anderen zu errichten. Aber dieses »von Menschenhand gemacht« kann tatsächlich von Jesus stammen, und ich möchte fast behaupten, daß er es sagte, um die Juden daran zu erinnern, daß dieser heilige Tempel von Herodes erbaut worden war.

Felipe: – Nachdem Jesus die Händler hinausgeworfen hatte, fing er an zu predigen ... Das war wirkliche Bewußtseinsbildung ... Er wird ihnen vom wirklichen Christentum erzählt haben ...

Laureano: – Heute sind die großen schönen Kirchen voll von Reichen, von diesen Leuten von der Amerikabank und allen anderen großen Banken, und die Priester predigen ihnen auch ... aber bestimmt eine andere Predigt als die, die Jesus damals hielt.

Felipe: – Jesus predigte vor allem durch sein Beispiel. Er warf die Händler und die Bankiers aus dem Tempel, um ihnen zu zeigen, daß mit der Ausbeutung des Menschen durch den Menschen Schluß gemacht werden mußte. Und wenn es mit der Peitsche war!

Einer fragt: – Mit der Peitsche wohl, aber mit Maschinengewehren nicht?

Alejo: – Je nach der Gelegenheit. Denn die Ausbeutung, die der Kapitalismus mit uns treibt, ist eine schlimmere Entweihung als diese Entweihung des Tempels.

Ich: – Den Anhängern der absoluten Gewaltlosigkeit fällt es schwer, sich diesen Text zu erklären. Einige sagen, Christus habe hier nicht als Mensch, sondern als Gott gehandelt, und als Gott habe er eben andere Befugnisse gehabt. Andere sagen, eine Peitsche wäre eine vergleichsweise harmlose Waffe, die keinen wirklich verletze. Und wieder andere vermuten, er habe die Peitsche nicht gegen die Menschen angewandt, sondern nur gegen die Tiere ... Keine dieser Erklärungen scheint mir sehr überzeugend. Aber vor kurzem las ich in einem Kommentar zum Evangelium etwas Interessantes: es sei nicht erlaubt gewesen, den Tempel mit Waffen oder Stöcken zu betreten. So war die einzige Waffe, die Jesus benutzen konnte, die, die er benutzte. Im Evangelium des Johannes heißt es, er drehte Seile zu einem Strick ... Es ist logischer anzunehmen, daß sie viele Stricke drehten.

Esperanza: – Und daß Jesus da mitten in dem Tumult Kranke heilte, das erinnert mich an Che Guevara, der in der Guerilla die Leute zwischen zwei Kämpfen behandelte, weil er Arzt war.

Olivia: – Der Che und andere wie der Che gleichen Christus in vielen Dingen: heute sind sie es, die den Tempel von Ausbeutern und Geschäftemachern reinigen.

Ich: – Den Tempel, der heute die ganze Welt ist.

Während wir sprachen, streikte die Kamera, und die Filmleute konnten nicht weiterfilmen. Später stellte sich heraus, daß der Defekt nicht behoben werden konnte und unsere Besucher nach Kanada zurückkehren mußten, ohne ihr Projekt verwirklicht zu haben.

Das Hochzeitsfest

(Matthäus 22, 1–14)

Das Himmelreich ist wie ein König, der seinem Sohn das Hochzeits-
fest ausrichtet.

Olivia: – Jesus vergleicht das Reich Gottes mit einem Hochzeitsfest, zuerst einmal, weil dieses Reich so ist wie die Liebe zwischen
zwei Menschen, und zum zweiten, weil eine Hochzeit das fröhlich-
ste Fest ist, das es gibt. Auch dieses Reich ist fröhlich wie ein großes
Fest.

Manuel: – Der Sohn ist Christus, und unsere Vereinigung mit ihm
ist wie die Vereinigung eines Paars.

Felipe: – Ich glaube, das müssen wir ein bißchen näher erklären:
Tatsächlich ist es so, daß wir, wenn wir uns mit Christus vereinen,
uns mit allen anderen Menschen vereinen, mit unseren Nächsten.
Mit Christus vereint sein, ohne mit den Menschen vereint zu sein, ist
unmöglich. Aber mit den Menschen vereint zu sein bedeutet, mit
Christus vereint zu sein.

Ich sage: – Wenn wir uns mit unseren Nächsten vereinen, vereinen
wir uns mit Christus, und da Christus Gott ist, vereinen wir uns mit
Gott, und diese Vereinigung ist wie die zwischen Mann und Frau.

Alejandro: – Und das Fest? Die Vereinigung von zwei Menschen
ist doch nicht die ganze Zeit ein Fest. Warum heißt es dann, das
Gottesreich sei wie ein Fest, wie eine große Freude?

Ich: – Wenn es eine Hochzeit zwischen uns und Gott gibt, muß
diese Vereinigung auch gefeiert werden.

Alejandro: – Aber die Liebe ist doch kein fortlaufendes Fest!

Ich: – Das wirkliche Fest ist die Liebe. Das will Jesus mit diesem
Bild sagen: ein Fest mit Musik, Tanz, gutem Essen und Trinken;
ein Fest, um diese Liebesvereinigung zu feiern.

Ein anderer fügt hinzu: – Die Gesellschaft, die Jesus für uns will,
ist eine sehr glückliche Gesellschaft.

Elbis: – Und er will, daß sich diese Gesellschaft auf der Erde verwirklicht, und das wird eine unheimliche Freude für die ganze
Menschheit sein.

Ein anderer: – Und dieses Fest ist auch wie eine Versammlung, nicht wahr? Wenn ein Fest wirklich ein Fest sein soll, müssen viele Menschen daran teilnehmen. Drei oder vier Leute machen noch kein Fest.

William: – Aber der Grund dieser Freude ist, daß sich zwei lieben und für immer zusammentun.

Olivia: – Und auf einem Fest gibt es immer alles im Überfluß. Es scheint so, daß Jesus hier von einer Gesellschaft spricht, in der es alles im Überfluß gibt, und dieser Überfluß ist für alle. Das Reich Gottes existiert heute noch nicht auf der Erde, weil alle die guten Sachen noch nicht verteilt sind. Und es ist die Liebe, die diese Verteilung bewirkt, nicht wahr? Denn der Grund für dieses Fest war eine Hochzeit.

Aber die Gäste verachteten die Einladung; die einen gingen auf ihren Acker und die anderen zu ihren Geschäften.

Laureano: – Das waren natürlich die Reichen, Leute, die nur an ihre Geschäfte dachten oder die große Besitztümer hatten, um die sie sich kümmern mußten. Sie dachten nur an ihren Besitz und ihre Geschäfte.

Bosco: – Es war ein sehr gutes Fest. Es waren Ochsen und viele Schweine geschlachtet worden. Dieser Vater lud die Leute in gutem Glauben ein; er wollte, daß sie es gut haben sollten. Wenn sie nicht kommen wollten, sollten sie bleiben, wo sie waren. Wenn sie nur an ihre Geschäfte dachten und nicht daran interessiert waren, einen schönen Tag zu verbringen ...

Olivia: – Ich glaube, die Leute, die nicht ins Reich Gottes kommen, sind die, die nur ihre Privatinteressen verteidigen.

Andere ergriffen die Gesandten des Königs und verspotteten und töteten sie. Da wurde der König zornig und schickte seine Heere aus, um diese Mörder töten zu lassen und ihre Städte anzuzünden.

– Aber warum wollten diese Leute nicht zur Hochzeit kommen?

– Vielleicht handelte es sich um die Bewohner einer Stadt, die dem König feindlich gesinnt war. Vielleicht waren sie gegen diese Hochzeit, und anstatt zum Fest zu kommen, erklärten sie dem König den Krieg.

– Das waren wirklich Mörder. Die Reichen waren nur einfach nicht daran interessiert, zu dieser Hochzeit zu gehen. Aber diese anderen waren gegen die Hochzeit überhaupt und töteten die, die sie einluden. Auch heute gibt es viele, die alle die verfolgen und foltern und töten, die nur Gutes für sie wollen: die sie zum Fest der Liebe einladen.

– Das Gottesreich ist noch nicht gekommen. Aber wir sind dazu eingeladen. Auch diese Strafe ist noch nicht gekommen, also daß der König diese feindliche Stadt in Brand stecken läßt, in der wahrscheinlich ein anderer König herrscht. Das heißt, sie ist höchstens teilweise gekommen ... Aber eins ist sicher: Das Fest wird darum doch stattfinden.

Da sagte der König zu seinen Gesandten: Die Hochzeit ist zwar vorbereitet, aber die Gäste waren es nicht wert, dazu eingeladen zu werden. Darum geht auf die Straßen und ladet alle ein, die ihr findet.

Einer sagt: – Ich glaube, dieser Vers bezieht sich auf die Armen, auf kleine Leute wie wir.

Ein anderer: – Und diese Leute, die wahrscheinlich Hunger hatten, liefen so schnell sie konnten zu dem Fest.

Und noch ein anderer, ein junger Mann: – Ich finde diese Bibelstelle ziemlich komisch.

Ich sage: – Das stimmt, daß es eine seltsame Stelle ist, wir könnten sagen, Jesus wählt ein Beispiel, das etwas an den Haaren herbeigezogen zu sein scheint: Ein König, der ein Fest ausrichtet, zu dem keiner der Geladenen erscheint; und dann füllt er seinen Palast mit Unbekannten, die er von der Straße geholt hat. Bei Lukas heißt es, er holte die Armen, die Lahmen, die Buckligen und die Blinden ins Schloß, und später noch andere, die er praktisch dazu zwang. Wir können sagen, auch das Fest des Gottesreiches ist, vom Standpunkt der Welt aus gesehen, etwas ziemlich Extravagantes: eine große Freude, aber nicht für die, denen es gutgeht, sondern für die Armen der Erde, denen es schlecht geht.

– Manche werden so erschrocken gewesen sein, daß man sie mit Gewalt dahin bringen mußte.

Ein anderer sagt: – Ich weiß nicht, warum die Reichen und Mächtigen zuerst eingeladen wurden.

Ich: – Es scheint, daß Jesus der Ansicht war, daß eigentlich die Elite der Gesellschaft, die Leute mit Grundbesitz oder großen Konzernen oder mit sonst einer Machtposition, dazu berufen war, die

Gesellschaft zu verändern. Aber diese Leute nahmen diese Einladung der Geschichte nicht an. Die zweite Einladung richtete sich an weniger wichtige Leute, und die kommen tatsächlich in großen Haufen.

Laureano: – Weil sie es nötig hatten, daß alle die guten Sachen verteilt wurden. Die anderen hatten es nicht nötig, daß irgend etwas verteilt wurde.

Felipe: – Dieser König ließ ihnen sagen, es würde sehr gutes Essen geben, es würde ein wirklich wunderbares Fest sein, aber diese Leute hatten ihre eigenen Feste oder ihre Geschäfte; irgend so ein Hochzeitsfest interessierte sie nicht im geringsten. Als er aber den Armen Bescheid sagte, er hätte ein großes Fest vorbereitet und einen Haufen Ochsen geschlachtet, da kamen alle sofort.

Ein anderer: – Auch wenn es nur Reis mit Bohnen gegeben hätte...

Felipe spricht weiter: – Heute ist es nicht viel anders. Wenn die Leute, denen es gutgeht, hören, Gott hätte ein Reich des Überflusses, der Liebe und der Freude für die ganze Menschheit bereitet, dann interessiert sie das nicht im geringsten. Aber wenn es sich um das Volk handelt... das interessiert sich wohl dafür und ist sogar bereit, dafür zu kämpfen.

Alejandro: – Und wieder andere scheuen selbst vor Morden nicht zurück, weil ihnen dieses Fest absolut nicht in ihren Kram paßt.

Ich sage: – Jesus sah, daß seine Nachfolger alles arme Leute waren und daß die Reichen und Mächtigen sich nicht für seine Botschaft interessierten oder sie sogar bekämpften. Und so kommt ihm dieser Vergleich in den Sinn. Die Menschheit ist in zwei Teile geteilt: Die einen nehmen die Einladung zur Liebe an, und die anderen lehnen sie ab; und diese Trennung stimmt mit der Trennung in soziale Klassen überein.

Die Gesandten des Königs gingen auf die Straßen und brachten zusammen, wen sie fanden, Gute und Böse; und die Tische wurden alle voll.

Felipe: – Die Bösen werden später gut. Sie werden sich ändern und auch dazu beitragen, die neue Gesellschaft zu schaffen.

Ich sage: – Die Pharisäer zählten sich zu den Guten; und sie dachten, das Gottesreich würde ein religiöses Reich sein, das von guten Menschen wie sie – das heißt von religiösen Menschen – gebildet werden würde. Aber Jesus sagt hier, das Reich Gottes würde aus allen Armen der Erde bestehen, Guten und Bösen, denn auch unter den Armen kann es schlechte Menschen geben.

Laureano: – Weil diese schlechte Gesellschaft sie dazu treibt: Diebe, die andere bestehlen, aber aus purer Not.

Alejandro: – Das Wichtigste hieran ist, daß Jesus sich auf die ganze Klasse bezieht. Es war nur eine soziale Klasse, die zum Fest kam; die andere interessierte sich nicht einmal dafür. Das Reich Gottes ist also für die Armen, für die soziale Klasse, die die Armen bilden.

Wir lesen weiter, wie der König eintrat und einen erblickte, der kein »Festkleid« trug.

Er sprach zu ihm: Freund, wie bist du hereingekommen und trägst doch kein Festkleid? Er aber schwieg. Da sagte der König zu denen, die das Essen servierten: Bindet ihm Hände und Füße und werft ihn hinaus in die Finsternis, wo ihm die Zähne klappern werden.

Laureano: – Also mir tut dieser Mann leid, den sie hinauswerfen, nur weil er nicht gut angezogen war. Wahrscheinlich hatte er nichts anderes als das, was er auf dem Leibe trug!

Ich sage: – Es ist anzunehmen, daß der König vorher jedem eine Tunika gab.

Ein anderer antwortet: – Dieser Mann, der kein festliches Kleid anhatte, war nicht besser als die, die zuerst eingeladen worden waren. Indem er diese Tunika nicht akzeptierte, beleidigte er den König genauso. Wahrscheinlich war er nur gekommen, um zu stören, und das ärgerte den König natürlich.

Ein anderer fügt hinzu: – Manche Leute sondern sich selbst aus, das sind in diesem Fall die Reichen. Aber unter denen, die die Einladung annehmen, kann auch einer sein, dem das Fest im Grunde egal ist. Und der hat dann auch nichts da zu suchen.

Donald: – Kann das nicht sogar ein Spitzel der anderen gewesen sein?

(Hier schaltet sich der neue Schullehrer ein, der erst seit kurzem hier ist und von dem wir vermuten, daß es sich vielleicht um einen Spitzel handeln könnte. Er sagt ein paar sehr zusammenhanglose Sätze und setzt sich wieder hin.)

Danach sagt Felipe: – Dieser Mann kam irgendwie auf dieses Fest, aber ohne wirkliche Festlaune. Er nahm nicht an der allgemeinen

Freude teil, und darum wollte er sich auch nicht dieses Festkleid anziehen. Jesus will uns damit zeigen, daß es unter denen, die mit ins Reich Gottes kommen, welche gibt, die es eigentlich gar nicht interessiert, und die können natürlich nicht darin bleiben.

Ein anderer: – Mensch, sieh mal, ich denke, wenn wir hier zusammen sind und von der Revolution sprechen, das heißt von der Liebe (für mich sind Revolution und Liebe das gleiche) und davon, daß wir zusammenhalten müssen, also, dann könnte doch irgend so ein Kerl hier unter uns sein, der nur hören will, was wir so reden, und der dann damit zur Polizei geht, weil er in Wirklichkeit ein Spitzel ist. Also, das fällt mir nur ein, weil eben davon gesprochen wurde, daß dieser Mann aus dem Gleichnis vielleicht ein Spitzel war. Also, den würden wir hier doch nicht dulden, damit wegen einem einzigen nicht die ganze Gruppe kaputtgeht. Das gleiche kann auch auf diesem Hochzeitsfest der Fall gewesen sein. Und so ist es nur natürlich, daß dieser König wütend wurde und ihn hinauswarf.

Alejandro: – Vielleicht hat er ihn zuerst gefragt, aber er wußte nichts zu antworten.

Denn viele sind berufen, aber wenige sind auserwählt.

Ich sage, in der Sprache Jesu bedeute »viele« und »alle« dasselbe, und hier sage Jesus, ganz Israel sei zu diesem Reich berufen gewesen, aber nur wenige von ihnen seien dann wirklich auserwählt worden.

Teresita: – Und es hängt von uns selbst ab, ob wir von der Gemeinschaft aufgenommen oder abgelehnt werden. Jesus nennt die Ablehnung »die Dunkelheit draußen«, das bedeutet: von den anderen Menschen getrennt zu sein.

– Ja, man kommt nämlich nicht in die Hölle, sondern wird aus ihr herausgeholt. Nach Jesu Worten ist die Hölle »draußen« – sage ich.

Ein anderer: – Und Jesus sagt auch, daß das Fest zwar für alle ist, daß aber nicht alle daran interessiert sind. Darum dauert es auch eine Weile, bis dieses Reich kommt. Es ist zwar schon alles vorbereitet, aber da die ersten nicht kamen, mußten zweite Einladungen verschickt werden.

Olivia: – Das Himmelreich könnte schon eine ganze Weile da sein, aber weil wir uns soviel mit dem Gott im Himmel beschäftigt haben, haben wir uns nicht um die vielen Götter gekümmert, die hier auf der Erde leiden.

Esperanza, die bald ihre Hochzeit mit Bosco feiern wird: – Ich finde dieses Evangelium sehr schön und auch völlig klar.

Ich sage: – Als ich in Chile war, besuchte mich in der Pension, in der ich wohnte, ein Ordensbruder, der zum M.I.R. gehörte (und der bewaffnet war und mehr oder weniger im Untergrund lebte, selbst während der Regierung der Unidad Popular). Dieser Mönch erzählte mir das folgende Gleichnis: Die Menschheit ist heute wie ein zwölfjähriges Mädchen, das nicht mehr mit Puppen spielen will und das langsam immer unabhängiger von seinen Eltern wird. Das ist der Atheismus, zu dem die Menschheit immer mehr gelangt und der positiv ist, weil es sich um einen Prozeß der Reife handelt. Die Religion gehört zur Kindheit der Menschheit. Aber dieses zwölfjährige Mädchen ist noch nicht völlig reif, es wird noch etwas dauern, bis es eine Frau ist. Und dann wird es sich einsam fühlen und sich nach einem Mann sehnen, und dann erscheint Gott, der Bräutigam. Im Augenblick spürt es noch nicht diese Notwendigkeit der Vereinigung, und man soll auch nicht zu viel davon sprechen, um es nicht zu verwirren. Nur ab und zu sollte man davon reden, damit es nicht egoistisch wird oder lesbisch oder Selbstmord begeht ... Die Aufgabe der Kontemplativen besteht darin, diesem Mädchen hin und wieder ins Gedächtnis zu rufen, daß es für eine Hochzeit bestimmt ist. Diese Hochzeit Gottes mit der Menschheit verwirklicht sich bereits in der Person des Jesus von Nazareth, aber später wird sie sich in uns allen verwirklichen, wenn wir alle eine vereinte Menschheit sind, wenn wir alle Christus sind. Wir sind alle Zellen dieses Körpers, der eines Tages diesen Liebesakt mit Gott erleben wird.

– Dann wird es keine alten Jungfern mehr geben und keine Einsamkeit – sagt einer der Jungen (ein Junggeselle).

Oscar: – Aber wir müssen aufpassen, daß es uns nicht wie diesem Mann ohne Tunika geht, damit wir nicht von dem Hochzeitsfest ausgeschlossen werden.

Steuern für den Kaiser

(Mathäus 22, 15–22)

Die Pharisäer und die Anhänger des Herodes schlossen sich zusammen, um Jesus eine Falle zu stellen, indem sie ihn nach den Steuern für den Kaiser fragten.
Ich sage: – Die Pharisäer und die Anhänger des Herodes waren Feinde, aber sie verbündeten sich gemeinsam gegen Jesus. Herodes war ein Römerfreund; an seinem Hof sprach man die Sprache der Römer, man kleidete sich wie die Römer, und alle Feste und Bräuche waren römische Feste und Bräuche. Die Pharisäer waren Nationalisten, aber sie waren reaktionär und verbündeten sich schließlich mit den Römern. Wenn Jesus sich für den Tribut an den Kaiser aussprach, würden sie ihn vor dem Volk als einen Kollaborateur anklagen; wenn er sich aber dagegen aussprach, würden sie ihn vor den Römern als einen Widerständler anklagen. Jesus erbat sich ein Geldstück, worauf sie ihm einen Denar gaben.

Jesus fragte sie: Wessen ist das Bild und die Aufschrift? Sie antworteten: Es ist das Bild des Kaisers. Darauf sagte Jesus zu ihnen: So gebt dem Kaiser, was dem Kaiser gehört, und Gott, was Gott gehört. Als sie das hörten, wunderten sie sich und ließen ihn gehen.

– Er verdrehte ihnen den Kopf. Wahrscheinlich verstanden sie überhaupt nicht, was er meinte, und darum ließen sie ihn gehen.
Ich sage: – Da hat Laureano ganz recht. Jesus mußte sich irgendwie herausreden. Er konnte nicht klar und eindeutig sprechen, denn sie hätten ihn auf jeden Fall verurteilt. Lange Zeit hindurch ist diese Bibelstelle vollkommen reaktionär ausgelegt worden, nämlich in dem Sinn, daß man dem Staat dienen müsse, auch wenn er noch so ungerecht sei, aber gleichzeitig auch Gott, eben jedem das Seine. So, als ob Jesus hier völlig klar geredet hätte, wo er in Wirklichkeit doch in Rätseln sprechen mußte. Wenn Jesus ganz einfach gesagt hätte, es wäre Bürgerpflicht, sich Rom zu unterwerfen, wäre er ihnen in die Falle gegangen, genau wie sie es wünschten. Lukas fügt in seiner Beschreibung dieser Begebenheit hinzu, daß sie ihn »wegen seiner Worte nicht vor dem Volk anklagen konnten«. Aber die

Reaktionäre wollen uns auch heute noch glauben machen, daß Jesus ihnen in die Falle gegangen ist.

– Ich habe den Eindruck, daß er irgendwie sagen wollte, zuerst müsse man das Reich Gottes aufbauen; die Auseinandersetzung mit Rom käme später. Er wollte keine Front eröffnen, an der er nicht unmittelbar kämpfen konnte, sondern er wollte diese Seite für später lassen.

Ich sage: – Und er zeigt ihnen eine Realität. Als er sie bittet, ihm ein Geldstück zu geben, zeigen sie ihm einen Denar, das heißt ein römisches Geldstück.

– Einen Dollar.

Ich fahre fort: – Die Geldstücke gehörten nicht dem Kaiser, aber sie waren die Währung des Kaiserreiches. Sie bildeten einen Teil der Ökonomie dieses Kaiserreiches. Sie mußten anerkennen, daß sie eine Kolonie waren, eine Tatsache, die nicht zu ändern war. Die Zeloten, die Befürworter des bewaffneten Kampfes, glaubten, sie könnten mit Schwertern gegen Rom kämpfen, aber das war purer Selbstmord. Außerdem muß in Betracht gezogen werden, daß für Jesus die größte Unterdrückung nicht von Rom ausging, sondern von den jüdischen religiösen Kasten. Die Macht Roms konnte aufhören, wie sie auch tatsächlich aufhörte, aber die Unterdrückung konnte weiter fortbestehen. Nach dem Sklavensystem mußte der Feudalismus kommen und danach der Kapitalismus ...

– Er zeigt ihnen den Kommunismus als das endgültige Ziel auf, aber er wußte, daß die einzelnen Etappen nicht übersprungen werden konnten.

– Also, ich glaube, da der Kaiser das Geld über alles liebte, hatte er sogar sein Gesicht auf den Geldstücken verewigen lassen. Und das bedeutet genausoviel wie das ganze Geld für sich haben zu wollen. Und so sagt Jesus, daß sie ihm, wenn er diesen ganzen Reichtum so sehr liebte und auch den Reichtum der anderen nur für sich haben wollte, im Moment eben allen Reichtum lassen müßten, das heißt allen Egoismus. Ich glaube, das bedeutet dieses Wort, daß man dem Kaiser lassen soll, was dem Kaiser gehört. Und wenn wir Gott geben sollen, was Gott gehört, so heißt das, daß wir ihm alles geben sollen, was er von uns verlangt, also Uneigennützigkeit und Liebe.

– Ja, ich glaube auch, daß das, was wir Gott geben sollen, unsere Liebe ist. Gott geben, was Gott gehört, heißt, ihm unsere Liebe geben, unsere Liebe zum Nächsten. Die Liebe gehört Gott, weil Gott die Liebe ist. Und der Kaiser kann seinen Egoismus behalten, weil das Geld Egoismus ist. Denn der Kaiser will das Geld für sich und nicht für die Armen; er will nicht, daß es verteilt wird.

– Ich glaube, das mit Gott fügt Jesus als Gegensatz zu dem ersten, was er sagte, hinzu. Das mit den Steuern ist nur eine Einzelheit; es blieb ihnen nichts anderes übrig als anzuerkennen, daß sie eine Kolonie des Kaiserreiches waren, aber sie sollten dieses imperialistische System bekämpfen, nämlich indem sie Gott geben sollten, was Gott gehört. Und Gott bedeutet Befreiung.

– Es ist nicht so, daß das Geld dem Kaiser gehört; das Geld gehört dem Volk, aber Jesus sagt, sie sollten sich dieses Geldstück ansehen, damit sie begriffen, was Imperialismus bedeutet: ein Geldstück mit dem Bild dieses Mannes. Er wollte ihnen klarmachen, daß von dem Augenblick an, in dem ein Kaiser seinen Namen und sein Bild auf ein Geldstück setzt, er sich zum Herrn des ganzen Landes erklärt, während dieses Geldstück doch dem ganzen Volk gehört. Und Jesus zeigt ihnen hier, daß es sich um einen wirklichen Diktator handelt, weil er sich mit dem Geldstück des ganzen Volkes bemächtigt. Wenn er ihnen mit dieser Tatsache, daß er da abgebildet ist wie ein absoluter Herr, zeigt, daß er sich des ganzen Geldes bemächtigen will, zeigt er ihnen auch, daß er sich des ganzen Volkes bemächtigen will. Wir können sagen, es war damals genauso wie heute in Nicaragua mit Somoza, weil auch Somoza auf unserem Geld abgebildet ist und wir dadurch alle daran gewöhnt sind, ihn als absoluten Herrscher ganz Nicaraguas anzusehen. Genauso war es auch damals. Ich glaube, Jesus wollte ihnen sagen, daß alle Dinge Gott gehören, aber daß der Kaiser alles für sich haben will, weil er auch der Herr des Geldes des Volkes sein will.

– Ein Geschäftsmann oder ein Bankier sind Leute, die immer nur vom Geld sprechen, sie identifizieren sich mit dem Geld, sie sind ganz aus Geld. Aber Gott war etwas vollkommen anderes als das Geld; er war Veränderung, ein Kämpfer für die Befreiung des Volkes, Klassenkampf. Jesus sagt diesen Leuten: Das mit dem Kaiser, das ist nur eine Geldfrage, aber Gott ist etwas vollkommen anderes, etwas, mit dessen Hilfe der Diktator gestürzt wird. Ich glaube, darin liegt dieser Unterschied, den Jesus hier macht: daß Gott mehr ist, daß er nicht bloß Geld ist, sondern die ganze Ökonomie des Volkes ...

Ich sage, da habe Alejandro ganz recht. Christus unterscheidet hier zwischen Gott und dem Geld; und er unterscheidet auch zwischen Gott und dem Kaiser. Zu jener Zeit war der Kaiser wie ein Gott.

Und die Verehrung des Kaisers begann das Ausmaß einer Religion anzunehmen, die im ganzen Kaiserreich herrschte. Es gibt noch heute Geldstücke des Tiberias, des Kaisers, der zur Zeit Christi herrschte. Auf diesen Geldstücken können wir lesen: Tiberius, Cäsar, Sohn des göttlichen Augustus. Etwas Ähnliches muß auf diesem Denar gestanden haben, den sie Christus reichten. Und Christus sagte ihnen, das eine seien die Steuern und das andere der Kult. Und mir scheint, er macht auch einen Unterschied zwischen dem Reich Gottes und der jüdischen Nation. Die Zeloten glaubten, wenn sie sich nur vom Joch Roms befreiten, würde schon das Reich Gottes kommen. Sie glaubten, Steuern zu zahlen sei eine Sünde, denn dem »Volke Gottes« war es nicht erlaubt, den Heiden Tribut zu zahlen. Die Frage, die sie Jesus stellten, war eine moralische Frage: ob es *erlaubt* sei, diesen Tribut zu zahlen. Und Christus antwortet hier auch den Zeloten. Außerdem habe ich gelesen, daß das griechische Wort, das Jesus benutzte, genau »zurückgeben« heißt. So nimmt die ganze Geschichte noch eine andere Färbung an: Gebt dieses ausländische Geldstück zurück, das euch nicht gehört. Aber sei es, wie es auch sei, sie verstanden jedenfalls, daß Christus nicht für die Steuern war, und darum sagt Lukas: »Sie konnten ihn nicht vor dem Volk anklagen.« Aber später klagten sie ihn vor Pilatus an, er wiegele das Volk auf, Rom keine Steuern mehr zu zahlen.

– Vielleicht, weil sie wußten, daß seine Lehre gegen den Imperialismus jener Zeit war. Und auch gegen allen anderen Imperialismus. Aber es war schon eine verdammte Falle, die sie ihm da stellten!

– Er antwortet ihnen, wie man vielleicht einem Spion antwortet. Von Anfang an nennt er sie »Heuchler«. Er antwortet ihnen nicht, wie man einem Menschen ohne Hintergedanken antworten würde, der einfach nur die Wahrheit wissen will. Das ist so, wie wenn heute ein Spitzel zu uns käme, der uns nur ausfragte, um uns später anzuzeigen. Im Grunde beleidigte er sie, und das in aller Öffentlichkeit. Ich sage: – Tatsächlich fügt Lukas bei seiner Beschreibung dieser Begebenheit hinzu, die Leute, die zu ihm kamen, seien »Spione« gewesen.

– Jesus handelte wie ein Politiker, wie ein Anführer der Massen, der sich nicht für dumm verkaufen läßt. Es war eine taktische Antwort.

– Außerdem bezieht er sich nicht nur auf die Probleme der Juden, sondern er spricht für alle Völker.

– Ja, denn sie interessierten sich nur für ihre lokalen Probleme, nämlich für das Problem, sich von der römischen Herrschaft zu befreien. Ob der Rest der Länder auch befreit wurde, kümmerte sie nicht.

– Aber auch sie selbst wurden nicht von ihren Unterdrückern befreit – füge ich hinzu. Die innere Unterdrückung der einen Klasse durch die andere war noch schlimmer. In vielen Fällen waren die lokalen Regierungen schlechter als die Regierung Roms. Das Römische Reich war moderner; im Vergleich mit anderen Regierungen der Vergangenheit bedeutete es einen Fortschritt. Heute haben wir die Etappe des Kaisers der Sklavengesellschaft überwunden und auch die Etappe der Gesellschaft der Feudalherren. Im Augenblick sind wir dabei, den Kapitalismus zu überwinden. Es wird die Zeit kommen, in der es keine Steuern für den Staat mehr gibt, in der der Staat nicht mehr existiert und in der wir nur noch Gott geben, was Gottes ist.

– Einen Kaiser gibt es schon heute nicht mehr. Aber es gibt immer noch den Imperialismus.

– Der Imperialismus, damals wie heute, war immer eng mit dem Geld verbunden.

– Gott geben, was Gott gehört, heißt, die endgültige Revolution machen.

Ich sage: – Ja, denn Gott zeigt sich in der Bibel immer als die Befreiung. Jahwe ist eine Kraft, die uns zur Veränderung treibt, zur Revolution; das ist die Botschaft aller Propheten. Christus sagt hier, man müsse Gott geben, was Gott gehört, und an einer anderen Stelle sagt er, indem er den Propheten Hosea zitiert, ganz genau, was Gott von uns will: »Ich will Liebe und keine Opfer« (was heute soviel heißt wie keinen religiösen Kult).

– Aber das Geld ist in Wirklichkeit nicht schlecht, sondern gut. Und auch der Reichtum ist nicht schlecht, sondern gut. Aber gerade weil er gut ist, soll er allen gehören. Das Geld an sich bedeutet nicht Egoismus. Aber das Geld ist dazu da, um zu zirkulieren, und der Egoismus besteht darin, das Geld nur für sich anzuhäufen und damit zu verhindern, daß es zirkuliert.

Ich sage: – Das ist nicht schlecht, was William sagt. Zusammengefaßt können wir also sagen, daß die Liebe darin besteht, das Geld zu verteilen. Und Gott geben, was Gottes ist, heißt, dafür zu arbeiten, daß sich die Menschen lieben und daß der vorhandene Reichtum allen gehört. Und so wird es schließlich dazu kommen, daß überhaupt kein Geld mehr nötig ist. Meint ihr nicht auch?

Verschiedene: – Ganz bestimmt.

In dieser Messe war ein junger Nordamerikaner, der sich Bruder Juan nannte. Er trug Sandalen und eine weiße Tunika mit Goldstickereien. Sein feines Profil, sein zweigeteilter Bart und seine lockige Mähne, die ihm bis auf die Schultern fiel, erinnerten an Christus, an den Christus, wie er für gewöhnlich auf Heiligenbildern dargestellt wird. Er durchzog seit sechs Jahren die ganze Welt und lebte nur von Almosen, obwohl seine Eltern ein Luxushotel in Südafrika besaßen. Wir hatten beobachtet, daß die wilden Hunde, sobald sie ihn sahen, zu bellen aufhörten und auf ihn zuliefen, um sich von ihm streicheln zu lassen. Und alle Babys strampelten und jauchzten, sobald sie ihn nur sahen. Gleichfalls fiel uns auf, daß seine Tunika immer blendend weiß war, obwohl er nur eine einzige besaß und in ihr auf der Straße oder auf dem Feld schlief. Seine Habseligkeiten bestanden aus einer Garnitur Leibwäsche zum Wechseln, einem Buch (dem Evangelium) und einer Flöte. Er sprach sehr gut Spanisch und sagte: – Brüderchen, ich bin der Bruder Juan, ein Schüler Jesu und Nachfolger des heiligen Franz von Assisi. Ich bin wirklich begeistert von allem, was ihr über das Geld und den Staat gesagt habt. Ich möchte hinzufügen, daß Jesus um ein Geldstück bat, weil er nie Geld bei sich trug. Er faßte nie Geld an. Auch der heilige Franziskus faßte nie Geld an und verbot auch den Franziskanern, es anzufassen. Ich bin kein Hippie, aber früher war ich ein Hippie. Durch die Droge gelangte ich zur Meditation, zur Keuschheit und zur Armut, aber es ist sechs Jahre her, daß ich keine Drogen mehr anrühre. Während der ersten Jahre hatte ich ein Gelübde der Armut abgelegt, das einschloß, nicht um Almosen zu bitten und nur von dem zu leben, was man mir gab. Das war sehr schwer; manchmal hatte ich Angst, aber in den ganzen zwei Jahren habe ich nicht ein einziges Mal Hunger gelitten. Inzwischen fühle ich mich frei genug, um Almosen zu bitten, aber ich bitte nie um Geld, und wenn mir einer mehr gibt, als ich im Augenblick benötige, verschenke ich es sofort weiter. Von der Güte anderer zu leben ist sehr gut, weil man immer lächeln und immer sympathisch sein muß, sonst geben sie einem nämlich nichts. Ich steige in einen Überlandbus, lächele den Fahrer an und sage zu ihm: Brüderchen, ich bin der Bruder Juan, ein Schüler Jesu, und ich habe das Gelübde abgelegt, kein Geld zu benutzen. Fast immer läßt mich der Fahrer an seiner Seite sitzen und fängt an, mich auszufragen, und ich bringe ihm meine Botschaft der Liebe. Wenn wir an eine Brücke kommen und der Fluß mir gefällt, bitte ich ihn, anzuhalten. Und dann steige ich aus und bade mich in diesem Fluß. Später finde ich einen anderen, der mich dahin bringt, wo ich hin wollte. So habe ich ganz Lateinamerika durchzogen. In Kolumbien erzählte mir ein anderer nordamerikanischer Pilger von eurer Gemeinschaft, und ich beschloß, nach Solentiname zu fahren. In Cartagena bettelte ich in den Geschäften, um das Geld für die Überfahrt zur Insel San Andrés zusammenzubekommen. Ich erklärte ihnen, ich wollte nach Solentiname. In San Andrés veranstaltete der Bischof eine Kollekte, um mir eine Flugkarte nach Managua zu kaufen. In Managua lernte ich in der Kathedrale einen Bettler kennen, der sich anbot, mir die Stadt zu zeigen. Marktfrauen schenkten mir etwas zu essen, kaum daß sie mich gesehen hatten. Der Fahrer eines Autobusses, der nach Granada fuhr, lud mich ein, mitzufahren, ohne daß ich ihn darum gebeten hätte. In Granada sah mich ein Priester im Park und brachte mich in ein Haus, damit ich ausschlafen konnte. Als ich da ankam, waren alle Lichter gelöscht; am nächsten Morgen, als ich wach wurde, merkte ich, daß das ganze Haus voller alter Männer war. Das machte mich sehr fröhlich. Dann ging ich zum Hafen und fragte die Leute eines Schiffes, ob sie mich gratis mitnehmen könnten, ich wollte nach Solentiname. Als ich in San Carlos ankam, sah mich Schwesterchen Olivia auf der Straße und gab mir zu essen; dann brachte sie mich zu einem Boot, das nach Solentiname fuhr und sagte, sie sollten mir nichts berechnen. Von hier aus werde ich nach Costa Rica fahren, wo ich ein Schiff finden werde, das mich nach Indien bringt, und ich weiß auch, daß dieses Schiff ein Segelschiff sein wird. Früher habe ich an einer Universität studiert, ich war dabei, das Ingenieurexamen zu machen, ich ging gut gekleidet, ich hatte Geld, und ich war egoistisch. Eines Tages beschloß ich, dem Beispiel des heiligen Franz zu folgen. Zuerst ging ich wie ein Franziskaner gekleidet, aber die mexikanischen Franziskanermönche veranlaßten, daß ich an der Grenze festgenommen wurde, weil ich kein wirklicher Franziskaner war. Sie hatten recht, und seitdem habe ich nicht mehr die franziskanische Tracht benutzt; aber der wirkliche Nachfolger des heiligen Franz war ich und nicht sie. Auf meiner Pilgerreise bin ich verschiedene Male verhaftet worden, aber für gewöhnlich bleibe ich nicht lange im Gefängnis, weil ich einfach nichts mehr esse, und dann müssen sie mich freilassen. Ich bin nicht dafür geeignet, im Gefängnis zu sein, weil mich das sehr traurig macht; ich kann nur in Freiheit leben, wie die Vögelchen. Ich möchte auch gerne Kuba besuchen, aber ich weiß nicht, ob sie mir da erlauben zu betteln; dort regeln sie alles mit einer Rationierungskarte. Aber ich glaube, in den sozialistischen Ländern sollten sie das Betteln erlauben. Manchmal habe ich meine Zweifel und frage mich, ob ich nicht ein Schmarotzer der Gesellschaft bin. Aber dann denke ich nein, weil ich auch etwas Nützliches tue, nämlich überall eine Botschaft zu verbreiten, ohne daß ich es nötig hätte zu predigen. Es ist schon genug, wenn sie mich sehen. Vielleicht ist so eine Art Leben nicht geeignet für ein revolutionäres Land wie Kuba; es ist eher ein Leben der nachrevolutionären Zeit. Im Augenblick sind es wir Bettler, die diese neue Welt verkünden, in der die Menschen wie Brüder leben und frei und ohne Geld. Darum verkleide ich mich (ja, ich weiß genau, daß dies alles eine Verkleidung ist), ich laufe herum wie ein Clown, um die Aufmerksamkeit auf mich zu ziehen, damit sie mir Almosen geben (die sie mir nicht geben würden, wenn sie mich in einem normalen Anzug sähen) und damit sie meine Botschaft anhören.

Wir haben nie wieder etwas von Bruder Juan gehört. Er sagte, er würde nie Briefe schreiben.

Vom Kommen des Gottesreichs

(Lukas 17, 20–37)

Die Pharisäer fragten Jesus: Wann kommt das Reich Gottes? Er antwortete ihnen: Das Reich Gottes kommt nicht so, daß man es sehen kann, und man wird auch nicht sagen: Es ist hier oder dort. Denn das Reich Gottes ist mitten unter euch.

Olivia: – Ich verstehe nicht, wie die Menschen so lange glauben konnten, das Reich Gottes wäre der Himmel, wo Jesus doch ganz klar gesagt hat, es wäre mitten unter den Menschen.

Rebeca: – Ich glaube, das Reich Gottes ist tatsächlich schon unter uns, weil es das Reich der Liebe ist. Überall, wo Liebe herrscht, ist das Reich Gottes.

Mariíta: – Und ich glaube, man kann es nicht sehen, weil die Liebe im Herzen der Menschen ist. Sie ist nicht irgend etwas Sichtbares, von dem man sagen könnte: Hier ist es. Aber man kann sie indirekt doch an den Veränderungen sehen. Die ganze Welt ist dabei, sich zu verändern ... Und so sehen wir auch das Reich Gottes kommen.

Laureano: – Das Reich Gottes ist in uns, aber wir müssen es auch verwirklichen. Man kann das Herz voller Liebe haben, aber man muß sie auch in die Tat umsetzen, denn sonst wird das Reich Gottes keine Wirklichkeit.

Alejandro: – Auch wenn ein Land schon weit fortgeschritten ist in der Verwirklichung der Liebe, so kann man doch nie sagen, es wäre schon vollkommen. Man kann nie direkt sagen: Hier ist es. Man kann immer noch mehr tun.

Felipe: – Und außerdem ist da die kapitalistische Propaganda, die die Menschen immerzu verwirrt. So kann man nie ganz klar wissen, ob irgendwo das Reich Gottes schon da ist oder nicht.

Olivia: – Ich würde sagen, man kann es doch sehen. Es ist nicht so, wie immer alle geglaubt haben, daß das Reich Gottes plötzlich kommt, indem Christus in aller Herrlichkeit auf einer Wolke erscheint. Das Reich der Liebe kommt nach und nach, und dann kann man es auch sehen. In einem Land, in dem es gerecht zugeht, in dem die Menschenrechte geachtet werden und in dem es Nahrung und

132

Schulen für alle gibt, in einem solchen Land kann man das Reich der Liebe schon sehen und auch in einer kleinen Gemeinschaft wie der unseren, wo wir uns alle achten und lieben. Das ist das Reich Gottes.

Es wird die Zeit kommen, daß ihr einen der Tage des Menschensohns zu sehen begehrt, aber ihr werdet ihn nicht sehen. Und sie werden sagen: »Siehe da, siehe hier. Aber geht nicht und folgt ihnen nicht. Denn wie der Blitz von einem Ende des Himmels zum anderen fährt und alles beleuchtet, so wird des Menschen Sohn an seinem Tage sein.«

Alejandro: – Er sagt, daß es noch eine größere Veränderung geben wird, etwas noch viel Radikaleres.

– Etwas noch viel Radikaleres – sage ich. Und es wird nicht nötig sein, daß irgend jemand uns sagt, Christus sei wiedergekommen, da es ganz offensichtlich sein wird.

Olivia: – Ich glaube, wenn auf der ganzen Erde eine vollkommene Gerechtigkeit herrscht, wenn die Menschheit sich wirklich befreit hat, dann wird das wirkliche Reich Gottes da sein, und dann wird man ganz deutlich sehen, daß Christus wiedergekommen ist.

Marcelino: – Mir scheint, viele von uns möchten diese Tage sehen ... aber heute ist das noch etwas anderes. Wir können sie durch den Geist sehen, wenn der Geist Gottes über einen gekommen ist, die Wunder und all das ... Auf eine andere Weise können wir überhaupt nichts sehen, wir sind wie Blinde. Aber später, sagt Christus, wird es sein wie ein Blitz, dann werden wir das alles ganz klar sehen und nicht nur im Geist, wie ich eben sagte. Wenn diese Tage kommen, werden wir alles mit eigenen Augen sehen, alle Dinge, die dann geschehen. Jeder, der sie sieht und davon hört, wird sagen: Natürlich, das ist ganz klar.

Felipe: – Und wenn es heißt, wir sollten nicht hinhören, wenn uns gesagt wird: »Hier ist es« oder: »Da ist es«, das bedeutet vielleicht, daß wir uns nicht um die Propaganda kümmern sollen.

Manuel: – Das heißt also, daß diese Wiederkunft Jesu, von der er hier spricht, nicht das Ende der Welt bedeutet oder das Weltgericht, sondern ... Also, das verstehe ich nicht.

Ich: – Jesus spricht hier von seiner Wiederkunft, aber nicht vom Ende der Welt.

Julio: – Ich glaube, das ist so, wie wenn sie uns heute sagen: »Hier

ist ein Kandidat« oder: »Da ist ein anderer.« Oder wie wenn sie
uns sagen, wir hätten eine gerechte Regierung, und dabei ist alles
Scheiße.

Manuel: – Also, ich habe nicht so genau auf die Worte dieser Bibelstelle geachtet. Ich dachte, es wäre vom Ende der Welt die Rede.
Aber an irgendeiner ähnlichen Stelle geht es um das Ende der Welt,
oder nicht?

Ich sage: – Ja, aber Jesus sagt gerade nicht, er würde nach dem
Ende der Welt wiederkommen. Bei Paulus heißt es, die Lebenden
und die Toten würden gerichtet werden.

Felipe: – Wenn man einen Toten noch richten kann . . . Sicher, von
einem, der gestorben ist und der ein schlechter Mensch war, kann
man hinterher sagen: »Dieser Kerl ist ein schlechter Mensch gewesen.«

*Zuerst aber muß er viel leiden und wird verworfen werden von den
Menschen dieser Zeit.*

Tomás: – Das heißt, der Menschensohn wird zu einer Zeit kommen, in der die Menschen nicht an ihn glauben . . .

Julio: – Daß er zuerst leiden muß . . . Ich glaube, es ist nicht
Christus allein, der leiden muß, sondern wir alle, das ganze Volk,
meine ich.

Elbis: – Ich glaube, diese Wiederkunft bedeutet die Befreiung aller
Völker, und die, die gegen ihn sind, das sind die Reaktionäre, die
es auch noch geben wird, wenn diese vollkommene Veränderung
kommt.

*Und wie es zu Noahs Zeiten geschah, so wird es auch geschehen in
den Tagen des Menschensohns.*

Adán: – Ich glaube, wenn er wiederkommt, wird er die Menschen
auswählen. So wie bei der Sintflut alle Ungerechten umkamen und
nur eine gerechte Familie gerettet wurde.

Ich sage: – Das ist eine Antwort auf das, was Manuel eben in
bezug auf das Ende der Welt fragte. Jesus vergleicht seine Wiederkehr mit der Sintflut, und später vergleicht er sie mit der Vernichtung Sodoms, weil es sich tatsächlich um eine Vernichtung
handelt: die Vernichtung der Ungerechten. Es wird eine Katastro-
phe sein, aber nicht für alle Menschen.

*Wer an diesem Tage auf dem Hausdach ist und seine Sachen im
Haus hat, der steige nicht herab, um sie zu holen. Und wer auf dem
Feld ist, der gehe nicht zurück in sein Haus. Denkt an die Frau
Lots.*

Tomás: – An dem Tag wird keiner irgendeinen Besitz haben, nur
seine Seele und seinen Körper. Was uns gehört, das gehört uns
nicht; warum sollen wir dann zurück in unser Haus oder sonstwo-
hin gehen, um es zu holen?

Olivia: – Aber er spricht nicht vom Untergang der Welt, sondern
vom Kommen des Reiches der Liebe, von der Verwirklichung der
Liebe auf der Erde. Wenn ich also etwas in meinem Haus habe, soll
ich es mir nicht holen, weil es ein anderer vielleicht nötiger hat als
ich.

William: – Ich glaube, diese Worte haben den Sinn einer völligen
Loslösung von allem persönlichen Besitz, weil das Reich der Liebe,
das heißt die Revolution, schon dafür sorgen wird, daß jeder das
bekommt, was er nötig hat. So sollen sich die Menschen um nichts
anderes kümmern als um dieses Reich der Gerechtigkeit, um das
Wohlergehen des Nächsten; alles andere kommt schon von selbst.

Tomás: – Vielleicht kommen manche besser dabei weg, weil sie
wenig zurücklassen und viel dafür wiederfinden.

Bosco: – Und es heißt auch, wir sollen nicht zurücksehen wie die
Frau Lots, weil das bedeutet, an der Vergangenheit zu kleben.

*Ich sage euch: In dieser Nacht werden zwei auf einem Bett liegen,
und der eine wird angenommen und der andere verworfen. Zwei
Frauen werden zusammen mahlen; die eine wird angenommen und
die andere verworfen. Zwei Männer werden auf dem Feld sein; der
eine wird angenommen und der andere wird verworfen.*

Ein junger Mann sagt: – Es scheint, daß manche nicht angenommen werden, weil sie Faulenzer sind. Es gibt so viele unter uns,
die nichts Gutes tun, die nur leben, um zu leben, und die denken
vielleicht, es wäre schon genug, überhaupt nichts zu tun, anstatt
dafür zu kämpfen, daß die Revolution möglichst bald siegt.

Elbis: – Diese Teilung, die es unter den Menschen geben wird ...
ist das nicht eine Teilung in Klassen?

Rebeca: – Wer für die Revolution kämpft, der liebt seinen Nächsten, und der wird auch in das Reich Gottes, in das Reich der Liebe

kommen. Wer nicht dafür kämpft, denkt nur an sich selbst und an seinen Besitz, und der bleibt zurück.

Felipe: – Aber ich weiß nicht, Ernesto, dieser Satz, daß die einen auserwählt werden und die anderen verworfen, das hört sich eher so an, als ob es sich um eine andere Welt handelte, später, wenn wir schon tot sind, oder so ähnlich.

Marcelino: – Ich verstehe das so, daß ein Mensch, der verworfen wird, irgendwie zurückgelassen wird. Es ist doch sicher nicht so, daß Gott die einen in den Himmel erhebt und die anderen ñicht, sondern wer sich nicht für das Reich der Liebe eignet, der wird zurückgelassen und geht nicht mit hinein.

William: – An einer anderen Stelle heißt es, der Vater würde gegen seinen Sohn sein und die Tochter gegen ihre Mutter. Hier spricht Jesus von zweien, die im gleichen Bett liegen, Mann und Frau; der eine wird das Reich Gottes sehen, und der andere bleibt draußen, ich weiß auch nicht wo. Und das gleiche geschieht mit zweien, die zusammen arbeiten ... Vielleicht handelt es sich um Arbeiten, bei denen der Unterdrücker und der Unterdrückte zusammen sind.

Ich: – Und das ist auch das Letzte Gericht, nach dem Manuel eben fragte. Wir sehen, daß es ein Ende und eine Vernichtung geben wird, aber nur für die einen und für die anderen nicht ...

Als sie das hörten, fragten sie: Wo wird das geschehen, Herr? Und er antwortete ihnen: Wo das Aas ist, da sammeln sich auch die Geier.

Ich sage: – Eine sehr dunkle Antwort. Jesus sagt, wo das Aas ist, der tote Körper, da sind auch die Geier.

Laureano: – So, wie wenn Flugzeuge kommen, um Bomben zu werfen. Die sind auch wie Geier.

Esperanza: – Ich glaube, vor der Befreiung wird es viele Kämpfe geben. So sehen wir zuerst dieses Zeichen, das mit den Geiern, wegen der vielen Toten. Aber das Reich Gottes kann nach und nach kommen, Land für Land. Vielleicht können nicht alle Länder gleichzeitig befreit werden.

Oscar: – Damit sind nicht wirkliche Vögel gemeint, die da herumfliegen ... Es gibt zum Beispiel viele, die für die Befreiung ihres Landes kämpfen und von der Polizei verfolgt werden. Das sind dann die Geier, denn wer von der Obrigkeit verfolgt wird, ist so gut wie tot. Es sind keine richtigen Vögel.

Bosco: – In Chile fliegen die Geier.

Rebeca: – Und auch hier gibt es viele Opfer, alle die aus Matagalpa zum Beispiel, die sie jetzt festgenommen haben. Da oben im Norden gibt es viele Geier. Auch wenn es schrecklich ist, ist es doch ein Zeichen, daß Christus bald wiederkommt.

Laureano: – Wo es Ungerechtigkeit gibt, das ist damit gemeint. Wo es Opfer gibt, da sind die Geier.

Oscar: – Und Jesus war der erste Tote, das erste Opfer; und alle, die um seiner Sache willen dasselbe leiden, sind er selbst.

Das Ende der Welt

(Matthäus 24, 1–14)

Als sie aus dem Tempel kamen, bewunderten die Jünger seine
Schönheit. Aber Jesus sagte zu ihnen:

*Seht ihr dies alles? Ich sage euch: Es wird hier kein Stein auf dem
anderen bleiben. Alles wird zerstört werden.*

Manuel: – Dieser Tempel war nicht der wirkliche Tempel. Der
wirkliche Tempel ist die Einheit der Menschen und nicht irgendein
Haus, in dem sie zusammenkommen.

Tomás Peña: – Das ist klar: Es war ganz egal, ob dieser Tempel
zerstört wurde, denn er störte nur, weil er ein materieller Tempel
war ... Also, ich weiß nicht, wie ich mich ausdrücken soll. Es war
Götzendienst. Sie beteten die Wände an.

Ein junges Mädchen (Esperanza): – War dieser Tempel aus Stein?
Ich bejahe, und sie spricht weiter: – Ist es dann nicht so, Ernesto,
daß, wenn wir die Häuser der Reichen bewundern und sagen: Wie
schön wohnen die doch, also daß Christus uns dann auch sagt, das
würde alles zerstört werden?

Olivia: – Ich glaube auch, daß diese wunderschönen Tempel die
Menschen nur noch mehr entfremden. Die Menschen, die so viel
Elend erleiden und sich dann damit zufriedengeben, diese wunderbaren Tempel zu bestaunen. Jesus sagt nicht nur, das alles würde
zerstört werden, sondern auch, daß es gut wäre, wenn es zerstört
würde, weil es überhaupt keinen Wert hat.

Ich: – Jesus hatte schon der Samariterin gesagt, in Zukunft würde
es keine Tempel mehr geben.

William: – Ich glaube, Jesus sieht diese Zerstörung des Tempels als
ein Symbol für das alte System an, das zerstört wird, um einem
neuen System Platz zu machen. In diesem Tempel fanden alle religiösen Zeremonien statt, und was Christus hier sagt, ist schon
ziemlich radikal, ziemlich revolutionär, nämlich daß es Zeit ist, mit
allen diesen religiösen Zeremonien Schluß zu machen. Die Christen
haben das nicht verstanden und überall auf der ganzen Welt ihre
Tempel hingesetzt. Jesus wollte ihnen nicht sagen, dieser Tempel

von Jerusalem müßte zerstört werden, damit sie andere Tempel und Kathedralen bauen könnten.

– Um darin die gleiche ritualistische Religion auszuüben – werfe ich dazwischen.

Und William: – Wir kennen alle diesen Altar in der Kirche von Santo Domingo in Managua, der 80 000 Pesos gekostet hat . . .

Tomás Peña: – Das ist eine Sünde. Das ist Geld, das sie anderen weggenommen haben. Das kann Gott keine Freude machen.

Ich sage: – Dieser Tempel, den die Jünger bewunderten, war von einem Tyrannen, Herodes I., gebaut worden. Und Jesus scheint es nicht leid zu tun, daß dieser Tempel zerstört werden soll, sondern im Gegenteil: Er deutet an, daß das gut ist. Den Kommunisten wird nachgesagt, sie wären gegen die Religion, aber der Prophet Hesekiel sah in einer Vision, wie Gott selbst den Tempel in Brand steckte . . . Und die Jünger scheinen verstanden zu haben, denn später heißt es im Evangelium, sie fragten ihn »im geheimen«:

Sage uns, wann wird das geschehen? Welches wird das Zeichen deines Kommens und des Endes der Welt sein? Jesus antwortete ihnen: Seht zu, daß euch niemand verführe. Denn es werden viele kommen unter meinem Namen und sagen: »Ich bin der Christus«; und sie werden viele verführen.

Ich sage: – Das Wort »Kommen«, das Matthäus hier benutzt, ist das griechische Wort »parusia«, das den siegreichen Einzug eines Herrschers beschreibt. Es handelte sich um einen politischen Ausdruck.

Einer der Jungen sagt: – Die politischen Führer mit ihren falschen Befreiungsversprechungen, das sind die falschen Christusse. Und auch die Diktatoren, die das Volk betrügen und es ausbeuten.

Ein anderer Junge: – Auch wenn sie es nicht ausbeuten und betrügen, sondern sogar nur Gutes für das Volk tun, aber dabei angebetet werden wollen wie ein Gott, dann sind sie auch falsche Christusse.

Laureano: – Du meinst bestimmt Fidel Castro, weil du diese Propagandablätter gelesen hast, die die Amerikaner verteilen.

Marcelino mit seiner ruhigen Stimme: – Jeder falsche Christ ist ein falscher Christus. Denn ein Christ, der seinen Nächsten nicht liebt, sondern ausbeutet, ist ein falscher Christus.

Felipe: – Aber ich glaube, Christus spricht hier eher von der ganzen Welt. Es gibt auf der ganzen Welt verbreitete Lehren, die den Menschen eine falsche Befreiung versprechen, zum Beispiel die falschen Lehren des Kapitalismus, die die Menschen verwirren, so daß sie denken, das wäre die Lösung, währenddessen ganze Völker verhungern und währenddessen es immer neue Kriege gibt, wie schon Christus sagte . . .

Ihr werdet von Kriegen hören, aber erschreckt nicht, denn das muß so geschehen, aber es ist noch nicht zu Ende. Denn ein Volk wird gegen das andere kämpfen und ein Land gegen das andere aufstehen, und es wird Hungersnöte und Krankheiten und Erdbeben an vielen Orten geben. Das alles aber ist der Anfang der Wehen.

William: – Wie es scheint, spricht Jesus hier auf einer strikt politischen Ebene, nicht auf einer religiösen. Er spricht von Kriegen zwischen den Völkern und von sozialen Katastrophen, und ich glaube genau wie Felipe, daß mit den falschen Christussen oder Messiassen weniger die falschen Religionen im Gegensatz zu einer einzigen wahren gemeint sind als vielmehr die falschen Ideologien, die falschen politischen Lösungen, die falschen Befreiungen, mit denen die Menschheit immer betrogen wurde.

Ich sage: – Die Erdbeben können wir auch als große Veränderungen der Gesellschaft verstehen; es muß sich nicht notwendigerweise um Erdbeben wie das von Managua handeln (obwohl auch diese Naturkatastrophen große soziale Auswirkungen haben können). Ganz im allgemeinen sagt Jesus, daß es die Geschichte hindurch viel Leiden geben wird, ehe das Reich Gottes Wirklichkeit wird.

Felipe: – Für mich ist das eine sehr reale Sache, denn wohin wir auch blicken, leiden die Menschen Hunger, und wohin wir auch blicken, sind die Menschen am kämpfen.

Ich sage: – Erst vor kurzem fanden die Schrecken des Krieges von Vietnam ein Ende; davor gab es zwei Weltkriege, und jeden Tag hören wir von anderen Kriegen und Schreckensherrschaften und Unterdrückungen. Das Seltsame ist, daß Jesus sagt: »Das alles muß so geschehen.« Ich glaube, er will damit sagen, daß diese Widersprüche unvermeidlich sind und daß es viel Leiden geben muß, ehe sich die Völker befreien können. Für Jesus ist dies nichts anderes als eine schmerzhafte Geburt der Geschichte; darum sagt er: »Erschreckt nicht.«

Elbis: – Das ist sehr wichtig zu wissen, denn wir haben immer

geglaubt, das mit dem Ende der Welt bedeute die wirkliche Zerstörung der Erde. Aber es ist nur das Ende der Welt der Ausbeutung, und so könnte man eher sagen, daß es ein Anfang ist . . .
– Ein neuer Himmel und eine neue Erde – sage ich.

Dann werden sie euch der Folter übergeben und euch töten. Und die ganze Welt wird euch hassen um meines Namens willen.

Felipe: – Er sagt, die ganze Welt würde sie hassen, aber ich glaube nicht, daß damit auch die Völker gemeint sind, die an die gleiche Sache glauben.
Laureano: – Wenn er von der ganzen Welt spricht, meint er die ganze kapitalistische Welt.
Ich sage, daß das Markusevangelium diese Worte Christi deutlicher ausdrückt. Dort heißt es, die Verfolgungen würden von den »Synagogen« und den »Regierungen« ausgehen. Die religiöse Macht und die politische Macht, diese beiden Mächte können das Volk getrennt unterdrücken, aber auch als eine Einheit. Und diese beiden Mächte sind es auch, die Jesus selbst foltern und schließlich töten.

Zu dieser Zeit werden viele ihren Glauben verlieren und sich untereinander hassen und verraten.

Noel: – Das alles ist schon dabei, einzutreffen.
Felipe: – Alle Christen, die nicht an die Befreiung glauben, sondern an die Ausbeutung, haben ihren Glauben verloren.
Elbis: – Sogar hier in Solentiname gibt es welche, die nicht mehr zur Kirche kommen aus Angst vor einem Evangelium, das sie in Gefahr bringen könnte. Sie haben ihren Glauben verloren. Und wie viele mehr wird es in Nicaragua, in Zentralamerika und in der ganzen Welt geben!
Olivia: – Es gibt viele, die sehr religiös sind und doch keinen Glauben haben. Alle die nicht handeln, weil sie denken, allein der Glaube an Gott würde sie retten, haben in Wirklichkeit ihren Glauben verloren.
Gloria: – Und weil sie ihren Glauben verloren haben, haben sie auch die Liebe verloren: Sie hassen sich, sie betrügen sich und beuten sich untereinander aus.
Donald: – Und diese Christen ohne Glauben verraten ihre Brüder,

wie wir es in Chile gesehen haben. Sie zeigen sie an und lassen es zu, daß sie gefoltert und getötet werden.

Und es werden viele falsche Propheten aufstehen und viele verführen. Und weil der Unglaube überhand nehmen wird, wird die Liebe in vielen erkalten. Wer aber aushält bis ans Ende, der wird selig.

Ich: – Die Liebe vieler wird erkalten: diese Voraussage Christi hat sich im Christentum erfüllt. Wegen der Ausbeutung des Menschen durch den Menschen.

Bosco: – Und die, die bis ans Ende aushalten, das sind alle die, die hier oder in Chile oder in irgendeinem anderen Land der Welt fest bleiben, bis sie die endgültige Befreiung sehen. Wie auch das Volk in Vietnam ausgehalten hat bis zum Ende.

Ein alter Mann, der aus einem Ort an der Grenze zu Costa Rica zu uns herübergekommen ist: – Spricht Jesus hier nicht von einer geistigen Befreiung?

Felipe: – Ja, weil die Liebe der Heilige Geist ist. Wenn einer liebt, hat er den Geist der Liebe. Aber wenn einer schlecht ist, handelt er aus einem schlechten Geist heraus. Wir müssen vorsichtig mit dem Wort geistig sein.

Der alte Mann von der Grenze: – Sind die falschen Propheten nicht vielleicht diese Evangelisten, die die Leute bekehren wollen, indem sie ihnen ihren alten Glauben ausreden?

Felipe: – Ich glaube, es sind eher die, die eine geistige Liebe predigen, das heißt eine *nur* geistige Liebe, irgendwo da in der Luft, ohne eine reale Grundlage.

William: – Die falschen Propheten, das sind die, die predigen, es sei schon genug, wenn man viel Liebe zu Gott im Herzen habe. Dadurch erkaltet nämlich die Liebe zum Menschen.

Ich: – Und das können genausogut evangelische wie katholische und nordamerikanische und südamerikanische Evangelisten sein.

Olivia: – Wenn wir also überall so viel Ungerechtigkeit sehen, dürfen wir nicht denken, daß die Voraussagen Christi über das Reich Gottes falsch waren, denn er hatte auch das prophezeit. Er sagte, das alles müsse geschehen, ehe das Reich Gottes käme.

Bosco: – Er sagte, es würde »viele« falsche Propheten geben. Und das stimmt auch. Alle diese Priester und Pastoren, die zu den Reichen halten und den Armen Geduld predigen, weil es der Wille Gottes sei, daß es Reiche gebe.

Tomás Peña: – Als ob es einen ungerechten Gott geben könnte!

Der Mann von der Grenze: – In der Gegend, in der ich lebe, wohnte einmal ein Junge, der ein evangelischer Pastor wurde. Der hat später überall das Evangelium gepredigt, und heute ist er ein reicher Mann.

Dieses Evangelium vom Reich wird in der ganzen Welt verbreitet werden, damit es alle Völker kennenlernen; und danach wird das Ende kommen.

Der alte Mann von der Grenze: – Ich sehe auch, daß heute überall das Evangelium gepredigt wird. Früher wußten wir nichts vom Evangelium, weil es für uns verboten war, die Bibel zu lesen. Aber heute können alle das Evangelium kennenlernen, nicht nur die Reichen, sondern alle. Heute ist es nicht mehr schwer, die Bibel kennenzulernen, manchmal verschenken sie sogar Bibeln.

Felipe: – Aber wir müssen darauf achten, daß es zwei Evangelien gibt: das, was uns diese Lügner predigen, die sagen, sie sprächen im Namen Gottes, die aber die Menschen nur weiter unterdrückt halten wollen, und das wirkliche Evangelium der Befreiung.

Oscar: – Und dieses Ende, das zum Schluß kommen soll? Ist mit diesem Ende das Ende der Welt gemeint? Oder was für ein Ende?

Ich: – Beachte, daß es »das Evangelium vom Reich« heißt und nicht einfach »Evangelium«. »Evangelium« ist nichts anderes als ein griechisches Wort, das »gute Nachricht« bedeutet. Jesus sagt nicht, es würden überall Evangelisten herumziehen, die kostenlos Bibeln verteilen. Er sagt, den Armen würde eine gute Nachricht verkündigt werden. Und das ist gleichzeitig eine schlechte Nachricht für die Reichen, denn wenn sie gut für die Armen ist, muß sie notwendigerweise schlecht für die Reichen sein. Es sind nicht die Evangelisten, ganz gleich, ob katholische oder evangelische, die dir diese gute Nachricht bringen, wenn sie dir eine Bibel schenken. Diese Leute sagen dir eher, die Welt würde sich nie ändern, und es würde immer Ungerechtigkeiten geben. Christus dagegen sagt, alle Völker würden die gute Nachricht von der Befreiung erhalten, und das sei »das Ende«.

Oscar: – Das Ende ist also die Befreiung.

Ich spreche weiter: – Das Ende der Welt wäre bestimmt keine gute Nachricht für uns. Im Griechischen bezeichnet das Wort »Ende« gleichzeitig die Vernichtung von irgend etwas und auch seine Vervollkommnung. Das Ende der Welt, von dem Jesus spricht, ist etwas Ähnliches, wie wenn ein Künstler sein Werk als *beendet* ansieht.

Esperanza: – Es hätte überhaupt keinen Sinn, Bewußtseinsbildung zu treiben, wenn das Ende der Welt sowieso kommt. Dann könnten die Leute auch gleich so bleiben, wie sie sind.

Laureano: – Es handelt sich um das Ende der Vereinigten Staaten und ihrer Vertreter auf der ganzen Welt.

William: – Und wir sehen, daß heute alle Völker diese frohe Botschaft von der Befreiung erhalten, wenn auch nicht unbedingt durch die Bibel.

Oscar: – Ich fragte eben nach diesem Ende der Welt, weil sie uns so viel davon erzählt haben. Aber jetzt sehe ich, daß die Welt nicht zerstört wird, sondern daß sie vollendet wird, also daß sie wirklich perfekt wird. Zuerst dachte ich, na, wenn schon das Ende der Welt kommt, dann soll es möglichst schnell kommen, weil wir sowieso nichts dafür oder dagegen tun können.

Adancito: – Das, was Jesus zuerst sagte, also daß es vorher Hunger, Kriege und so weiter geben würde, das erfüllt sich schon.

Alejo: – Und nicht erst seit heute . . .

Oscar: – Aber wir kommen dem Ende immer näher . . .

Ich: – Es ist wie eine Frau, die ein Kind zur Welt bringt: Je stärker die Schmerzen werden, desto näher ist das Ende.

William: – Es sind die letzten Austreibungswehen.

Ich: – Kurz vor seinem Tod erwähnt Jesus noch einmal die Frau, die in den Wehen liegt. Aber wenn sie ihr Kind in den Armen hält, freut sie sich.

Und Natalia, unsere Hebamme hier in Solentiname: – Die Frau versinkt in ihren Schmerz, und dann in noch einen und noch einen. Aber dann freut sie sich, weil sie endlich frei ist. Vorher ging sie unter einer großen Last, weil ein Kind zu tragen wirklich eine große Last ist, so groß wie die Last der Unterdrückten.

Ich: – Die Erde ist wie eine Frau, die von ihrer Last befreit wird, wie Natalia sagt. Sie wird befreit und hat etwas Wunderschönes hervorgebracht.

Die Wiederkunft des Menschensohns

(Matthäus 24, 29–36)

Aber bald nach den Leiden jener Zeit werden Sonne und Mond den Schein verlieren, die Sterne werden vom Himmel fallen, und die Kräfte des Himmels werden ins Wanken kommen.

– Mit diesen Bildern soll vielleicht gesagt werden, daß die ganze Welt auf den Kopf gestellt wird, daß alles, was wir bisher erlebt haben, umgekehrt und vollkommen neu sein wird.

Ich sage, ich sei mit dieser Meinung Carlos' einverstanden. Jesus spricht hier von den großen Veränderungen, die die Menschheit durchmachen wird. Beim Erdbeben von Managua dachten viele Menschen, das Ende der Welt sei gekommen, denn das ist die irrtümliche Vorstellung von einem »Ende der Welt«, die die Christen jahrhundertelang aufrechthielten, weil sie diese apokalyptischen Bilder wortwörtlich nahmen. Jesus spricht hier nicht vom Untergang der Welt, sondern vom Untergang des Status quo. Dabei müssen wir auch beachten, daß er sagt, dies würde unmittelbar nach dem Ende der Leiden geschehen ... Kurz vorher hatte er gesagt, die Menschheit würde durch Leiden gehen, wie sie sie seit dem Anfang der Welt nicht gekannt habe und wie sie sie danach auch nicht wieder durchmachen würde.

William: – Ich glaube, es handelt sich nicht nur um eine Veränderung der Menschheit, sondern auch der Natur. Wir sehen jeden Tag, wie sich die Welt durch den Menschen verändert hat, und sie wird sich noch viel mehr verändern. Aber was sich am meisten verändern wird, ist der Mensch.

Carlos: – Und es ist klar, daß dieses Vom-Himmel-Fallen der Sterne nicht das Ende der Welt ist, da es im nächsten Vers heißt, alle Völker würden das Erscheinen des Menschensohns sehen. So gibt es danach also noch Menschen auf der Erde.

Dann wird das Zeichen des Menschensohns am Himmel erscheinen, und alle Völker der Erde werden weinen und des Menschen Sohn in den Wolken des Himmels mit großer Kraft und Herrlichkeit kommen sehen.

Ich sage, Jesus habe sich nie als Messias bezeichnet, sondern immer, wenn er von sich selbst sprach, den Ausdruck »des Menschen Sohn« benutzt. Auf hebräisch und aramäisch bedeutet »Sohn des Menschen« ganz einfach »der Mensch«, aber im Buch des Propheten Daniel wird dieser Name auch einem Gesandten Gottes gegeben, der die Reiche der Erde, die als »Bestien« bezeichnet werden, zerstören würde. Diesen »Bestien« wird einer gegenübergestellt, der »menschengleich« ist, das heißt, der ein *menschliches Antlitz* hat. Der Mensch ist in der Bibel das Ebenbild Gottes, daher das Verbot, sich andere Bilder zu machen. Und Hesekiel beschreibt die Herrlichkeit Gottes als eine »Ähnlichkeit mit dem Menschen«. Es scheint auch, daß Jesus sich darum nicht den Namen »Messias« geben wollte, weil für die Juden seiner Zeit der Messias ein politischer Führer war; im Buch des Propheten Daniel dagegen ist des Menschen Sohn einer, der die Bestien der politischen Macht zerstört.

Felipe sagt: – Mir scheint, daß des Menschen Sohn oder einfach der Mensch den Völkern in dem Maße erscheint, in dem ihre Befreiung fortschreitet. Je mehr die Revolution fortschreitet, desto mehr wird das Erscheinen Jesu deutlich. Die Kataklysmen, wie du sagst, sind die schlechten Gesellschaften, die zerstört werden, und danach beginnt Jesus zu erscheinen.

– Im Proletariat – sagt ein anderer –, im Volk.

Donald: – Hier steht, die Völker der Erde würden weinen. Ich glaube, das ist so: Wenn alles so wie immer ist und dann plötzlich eine radikale Veränderung kommt, eine Revolution zum Beispiel, dann werden die Kapitalisten weinen und schreien und sich die Haare raufen, denn dann ist es mit ihnen aus. Ich glaube, das kann man so erklären, nicht?

Ich sage: – Auch die Propheten haben dieses Weinen der Völker beschrieben, das heißt das Weinen der Regierungen, aber auch im Sinn eines Weinens der Umkehr, der Bekehrung. Das Weinen, von dem Jesus spricht, kann auch so verstanden werden, und in einigen Übersetzungen des Evangeliums heißt es auch tatsächlich, »alle Völker werden sich an die Brust schlagen«.

Pancho: – Ich glaube, das, was wir hier lesen, kann je nach den Vorstellungen verstanden werden, die jeder einzelne von uns hat; ihr versteht es auf die Weise, die ihr hier aufgeführt habt, weil ihr Kommunisten seid oder Sozialisten oder was auch immer. Aber andere verstehen es auf andere Weise, und ich weiß nicht, zu wem ich halten soll, zu euch oder zu den anderen.

Felipe: — Aber wir können das Evangelium nur verstehen, wenn wir es analysieren; wenn wir es einfach nur so lesen, verstehen wir überhaupt nichts.

Pancho: — Es ist nur so, daß ihr von einer materiellen Wirklichkeit sprecht, aber wir haben auch eine unsterbliche Seele . . .

Ich: — Wir haben eine unsterbliche Seele und auch eine unsterbliche Materie. Nach Christus wird auch die Materie auferstehen.

Felipe: — Ich denke auch so: Wer die Materie rettet, rettet auch seine Seele, wer aber die Materie verliert, verliert auch die Seele.

Pancho: — Aber wenn es sich um einen Menschen handelt, der nicht an die Seele glaubt . . .

Ich: — Was macht es aus, wenn er nur an die Materie glaubt, wenn die Materie doch aufersteht!

Felipe: — Und wenn er nicht an die Auferstehung glaubt, ist das auch kein Problem, denn auferstehen wird er auf jeden Fall; er wird auferstehen, auch wenn er überhaupt nicht daran denkt.

Elbis: — Ich glaube, auferstehen heißt, im Volk lebendig bleiben.

Pancho: — Na, dieser arme Teufel, von dem du da redest, der stirbt, und dann ist es aus mit ihm, auch wenn wir uns noch so viel an ihn erinnern. Er ist auf jeden Fall tot, auch wenn er im Herzen des Volkes weiterlebt, aber es ist ja nicht so, wie wir weiterleben wollen. Wir wollen uns wirklich den anderen nahe fühlen und wirklich die Luft atmen, die auch die anderen atmen.

Olivia: — Es kommt darauf an, wie einer gestorben ist, denn wenn es einer war, der nie etwas für die anderen getan hat, dann ist er wirklich ganz und gar tot, aber wenn es sich um einen handelt, der eins war mit dem Volk, der wird immer in uns lebendig bleiben. Das ist so, wie wenn Ernesto stürbe. Ernesto wäre für uns nicht tot, für uns wäre er immer lebendig.

Ich sage: — Und ich würde auch mit euch atmen; ich würde die Luft atmen, die das Volk atmet . . . Nach einer Weile füge ich hinzu: — Hier sagt Jesus, alle Völker würden »das Zeichen des Menschensohns« sehen. An einer anderen Stelle des Evangeliums heißt es, das einzige Zeichen oder Wunder, das er tun würde, sei »das Zeichen des Jonas«, der im Bauch des Walfisches war und lebendig wieder herauskam. Dieses Zeichen ist die Auferstehung.

Und er wird seine Engel senden mit hellen Trompeten, und sie werden seine Auserwählten sammeln von den vier Winden, von einem Ende des Himmels bis zum anderen.

Felipe: – Ich glaube, die Menschen haben sich immer geirrt, wenn sie dachten, Christus würde seine Auserwählten sammeln, um sie in eine andere Welt zu führen oder, besser gesagt, in den Himmel, denn es ist genau umgekehrt: Er sammelt sie, damit sie in der Welt handeln, damit sie mit ihm zusammen die Völker befreien.

Ich: – »Engel« bedeutet in der Sprache der Bibel »Botschafter«. So wie Gott Botschafter hatte, so hat auch der Menschensohn Botschafter, durch die er seine Auserwählten sammelt. Wir sehen also, daß die Welt doch nicht zerstört ist ...

Elbis: – Was zerstört wird, ist das kapitalistische System. Es wird eine Zerstörung geben, aber nicht eine Zerstörung der Erde. Das wurde bisher immer wie ein Feuerregen oder so etwas verstanden.

Manuel: – Hatte Jesus nicht vorher gesagt, es gäbe wenig Auserwählte? Hier dagegen hört es sich so an, als ob es viele wären, eine große Menge, die aus allen Teilen der Erde kommt, aus allen vier Himmelsrichtungen.

William: – Man muß immer darauf achten, in welchem Zusammenhang er so etwas sagt. Zuerst sprach er von seiner persönlichen Ankunft, wobei er sich an die Juden wandte und sagte, unter ihnen gäbe es nur wenig Auserwählte. Bei anderen Gelegenheiten wählt er, wenn er von diesem »Weltende« spricht, die Beispiele von der Spreu und dem Weizen oder von den guten und den schlechten Fischen, wobei er uns zu verstehen gibt, daß es viele Auserwählte geben wird. Und in dieser Bibelstelle, in der es um seine Wiederkunft geht, beschreibt er die Versammlung der Auserwählten als ein Weltereignis.

Gustavo: – Und diese Trompete ... also, das hört sich für mich so an wie: »Proletarier aller Länder, vereinigt euch.«

Iván: – Ich glaube, es werden tatsächlich viele sein, weil auch die Toten zu den Auserwählten gehören werden, also diese Toten, die nicht tot sind, sondern lebendig, wie hier vorhin gesagt wurde, wie zum Beispiel Che Guevara und alle Märtyrer, alle, die sich für das Volk geopfert haben.

Ich sage: – Die Propheten des Alten Testaments sprachen viel davon, daß in der messianischen Ära alle unterdrückten, in der ganzen Welt verstreuten Juden vereint und aus allen Himmelsrichtungen zusammenkommen würden. Jesus bezieht sich auf diese Vereinigung, aber jetzt geht es nicht mehr nur um die Juden, sondern um alle Unterdrückten der Erde. Die Trompeten sind gleichfalls ein Bild aus dem Alten Testament. Alles Eingreifen Gottes in die Geschichte wird von Trompetenklängen begleitet. Wenn die Propheten von dem Fall der großen feindlichen Imperien berichten, sprechen sie von Trompeten. Jesajas sagt, eine Trompete würde nach dem Fall des Assyrerreiches alle Völker zusammenrufen. So ist die Trompete immer ein Ruf zur Befreiung gewesen. Und Paulus gibt zu verstehen, daß es verschiedene Trompetenstöße, das heißt verschiedene Befreiungen, geben wird, da er sagt, daß mit dem »letzten Trompetenstoß« auch die Toten auferstehen würden.

An dem Feigenbaum könnt ihr ein Gleichnis lernen – wenn sein Zweig treibt und die Blätter kommen, wißt ihr, daß der Sommer nahe ist. So sollt ihr auch wissen, daß, wenn dies alles geschieht, das Ende nahe vor der Tür ist.

Félix Mayorga sagt: – Das bedeutet, daß wir die Wiederkunft Christi voraussehen können. Er selbst sagt, an dem Treiben der Blätter des Feigenbaums könnten wir sehen, daß es bald Sommer ist, nicht wahr? So können wir auch wissen, daß die Wiederkunft Christi nicht mehr weit ist, wenn wir uns alle lieben.
Und Laureano: – Die ersten Knospen sind schon raus. Kuba könnte eine dieser Knospen sein. China eine andere.
Ich: – Und auch in vielen anderen Teilen der Welt gibt es Knospen. Sogar in Nicaragua sehen wir schon welche . . .
Laureano: – Jede noch so kleine Gruppe, die für die Veränderung der Gesellschaft arbeitet, ist eine Knospe, ein kleines Knöspchen.
Manuel: – Überall knospt es, wie Laureano sagt, überall, wo die Menschen für die Gerechtigkeit kämpfen . . .
Carlos: – Ich glaube, es hat immer Menschen gegeben, die für die Gerechtigkeit gekämpft haben, aber jetzt ist es noch etwas anderes, jetzt entstehen überall kleine Gruppen, winzige Gemeinschaften, die die Wiederkunft Christi anzeigen. Und ich könnte vor Freude weinen, wenn ich sehe, wie sich diese Gruppen überall gleichen, ohne daß die einen die anderen kennen würden.
Bosco: – An diesen winzigen Gruppen der Befreiung, die überall auf der Erde hervorschießen, können wir sehen, daß das Ende nicht mehr weit ist.
Felipe: – Diese Knospen kommen aus dem Volk und vor allem aus der Jugend; durch ihre Jugend ist die Gesellschaft dabei, sich überall auf der Welt zu erneuern.
Olivia: – Es heißt, »die Zweige treiben und die Blätter kom-

149

men ...« Die Blätter kommen, weil die alten vorher abgefallen sind. So erneuert die Jugend die Ideen der früheren Generationen, die gestorben sind, oder die scheinbar gestorben sind. Der Feigenbaum hatte seine Blätter abgeworfen, es war kahl, aber innen war sein Saft lebendig. In der Jugend sehen wir dieses Leben treiben, das Leben dieser Blätter, die gestorben waren und die jetzt in neuen Blättern wieder hervorkommen.

Ich sage: – Die Jugend in den verschiedensten Teilen der Welt hat die gleichen Ideen, die auch unter der Jugend hier in Solentiname hervorbrechen. Und das sind die Zeichen, wie Christus sagt. Und er nennt als Beispiel den Feigenbaum, einen Baum, der Frucht bringt. So handelt es sich nicht um die Zerstörung der Menschheit, sondern um ihre Reife. Und diese Reife ist die Liebe: Das Bild vom Feigenbaum ist dem Hohenlied der Liebe entnommen, wo der Geliebte der Geliebten sagt, sie solle aufstehen, denn der Winter sei vergangen, die Regen haben aufgehört, schon blühten die Blumen, die Zeit der Lieder sei gekommen, man höre den Gesang der Turteltauben, und die Zweige des Feigenbaums schlügen aus ...

Wahrlich, ich sage euch, dies alles wird geschehen, ehe dieses Geschlecht ausstirbt. Himmel und Erde werden vergehen, aber meine Worte werden nicht vergehen.

Ich sage: – Diese Worte Christi sind die geheimnisvollsten des ganzen Evangeliums. Sollte sich Christus geirrt haben? Viele Bibelexperten wissen nicht, wie sie diese Stelle auslegen sollen. Aber ich glaube, daß im Evangelium nichts steht, das das Volk nicht verstehen könnte.

Adancito sagt: – Es kann sein, daß unter den Menschen seiner Generation schon eine Veränderung begann, unter einigen wenigen von ihnen.

Carlos: – Zur Zeit der Apostel begannen schon die Gemeinschaften, in denen die Menschen alles gemeinsam besaßen und in denen sie sich gegenseitig liebten; das waren die ersten Zweige, die ausschlugen.

Ich: – Das heißt also, dieses Ende der Welt, von dem wir gesagt haben, es sei das Ende des Systems der Ungerechtigkeit, begann nach Christi Worten schon zu jener Zeit. Wir leben also im Zeitalter des Weltendes, und zwar schon eine ganze Weile.

Oscar: – Ich glaube, das sehen wir immer deutlicher, daß die

Ungerechtigkeit zerstört wird. In vielen Teilen der Welt gehen große Veränderungen vor, bis schließlich die ganze Welt verändert ist. Das wollte uns Jesus zu verstehen geben: daß die Ungerechtigkeit besiegt wurde.

Manuel: – Es kann auch sein, daß er sagen wollte: »bevor die Menschen dieser kapitalistischen Gesellschaft aussterben«. Denn schon zu jener Zeit gab es den Kapitalismus.

– Es gab Ausbeutung, wenn auch unter einem anderen Namen – sage ich. Und es kann sein, daß Manuel recht hat. Man hat beobachtet, daß das Wort »Geschlecht« im Munde Jesu immer den Sinn von »schlechten Menschen« hat. An einer anderen Stelle spricht er von »diesem verdorbenen und ehebrecherischen Geschlecht«.

Olivia: – Da er der erste war, der litt und sich opferte für dieses Neue, das da kommen sollte, der erste Befreier, so konnten die Menschen schon in ihm und in seinem Tod den Anfang dieser Befreiung sehen, die er ankündigte.

Elbis: – Ich glaube, er bezog sich auf das Imperium, das zu jener Zeit existierte. Wenn ich mich nicht irre, geschah kurz darauf die Zerstörung Jerusalems. So kann es auch sein, daß er sich auf das alles bezog.

Manuel: – Aber dann hätte diese Stelle des Evangeliums heute keine Gültigkeit mehr für uns; wenn er nur jene Zeit gemeint hätte, dann hätte das heute alles keine Bedeutung mehr, weil es ja schon geschehen ist.

Laureano: – Es ist eben so, daß es langsam nach und nach geschieht.

Manuel: – Auch wenn Jerusalem zerstört wurde, ist der Kapitalismus doch immer bestehen geblieben.

Ich: – Ich glaube, wie Oscar sagt, daß wir dem Ende der Ungerechtigkeit beiwohnen. Und Jesus sagte denen, die ihm zuhörten, sie sähen schon den Anfang von dem, das wir heute noch klarer erkennen: die ersten Triebe des Feigenbaums. Und wie Olivia eben sagte, sahen sie in seinem Tod, oder besser: in seiner Auferstehung, den Anfang ihrer Befreiung. Aber gleichzeitig begann auch, wie Elbis sagt, der Untergang der großen Imperien. Die Imperien fielen, und es begann das Ende der Welt, die Epoche, in der wir heute leben.

Elbis: – Heute wohnen wir dem Untergang des Imperialismus bei ... Es ist genau der gleiche Prozeß.

William: – Jeder Prozeß macht verschiedene Veränderungen durch. Und jeder Prozeß beginnt ganz klein. So wie ein Kind sich im

Mutterleib entwickelt und dann zur Welt kommt und schließlich zum Menschen heranwächst, so bestand auch das Reich der Befreiung schon damals im embryonalen Zustand und entwickelte sich dann langsam weiter.

Oscar: – Ernesto, ich überlege immer noch, was wohl dieser Satz »Himmel und Erde werden vergehen, aber meine Worte werden nicht vergehen« bedeutet. Jedenfalls wird da doch von einer Zerstörung gesprochen. Das kann die Zerstörung des Kapitalismus oder aller anderen Systeme sein, die uns unterdrücken, aber ich weiß nicht, ob nicht vielleicht doch wirklich der Himmel und die Erde zerstört werden.

Ich: – Wenn der Himmel und die Erde zerstört würden, wie sollte sich dann sein Wort erfüllen?

Elbis: – Der Kampf so vieler Völker und so vieler Menschen wäre dann umsonst. Sie kämpften nur, um zu sterben ...

Ich: – Sein Wort wird nicht vergehen, heißt es; und sein Wort ist die Befreiung der Unterdrückten und der Sieg der Armen.

Den Tag aber und die Stunde kennt niemand, auch die Engel im Himmel und selbst der Sohn nicht, sondern allein der Vater.

Laureano: – Ja, das glaube ich. Wir kennen den Tag und die Stunde nicht, wir wissen nicht, wann das Reich der Gerechtigkeit auf der Erde eingesetzt wird. Es kann schon morgen sein, es kann auch in einem Jahr sein oder in zehn Jahren ... Aber hoffentlich kommt es bald, denn dies hier ... das wollen wir nicht mehr.

Olivia: – Er sagte das, glaube ich, weil die Bewußtseinsbildung ein langer Prozeß ist. Er konnte den Zeitpunkt nicht kennen, weil er nicht wußte, wie lange dieser Prozeß dauern würde. Wenn wir nicht einmal in einer kleinen Gemeinschaft wie der unseren hier alle den gleichen Grad von Bewußtsein haben, wie schwierig wird das dann erst bei der ganzen Menschheit sein! Darum konnte Jesus nichts Genaues sagen.

William: – Es handelt sich auch nicht um einen bestimmten Tag und eine bestimmte Stunde, sondern um eine unendliche Zahl von Tagen und Stunden, weil in jeder Gruppe oder in jeder Gemeinschaft, die dieses Bewußtsein erreicht hat, der Tag und die Stunde schon gekommen ist; aber in anderen Gruppen oder Gemeinschaften ist das jetzt noch nicht der Fall, sondern irgendwann einmal, Gott weiß, wann.

Ich: – Es stimmt, daß das ganz vom Willen der Menschen abhängt: die einen treiben die Befreiung voran, die Ankunft des Reiches Gottes, und die anderen stellen sich ihr entgegen und verzögern sie.

Oscar: – Ich glaube, Jesus sagte, nicht einmal der Sohn wüßte es, weil er es tatsächlich nicht wußte, da er genau wie wir als ein Mensch geboren wurde. Wenn er es gewußt hätte, hätte er dieses Geheimnis seinen Brüdern weitergesagt, und dann wüßten wir es jetzt und warteten darauf. Was wir aber hier auf der Erde tun sollen, ist nicht warten, sondern kämpfen.

Ich: – Das erinnert mich an etwas, das Marx gesagt hat: Man könne nicht wissen, wann der perfekte Kommunismus geschaffen sein würde, aber man könne wissenschaftlich voraussagen, daß es ihn einmal geben würde, da die Natur und die ganze Geschichte darauf hinzielten.

Laureano: – Also, wenn wir wüßten, wann die Befreiung kommt ... Wenn wir zum Beispiel wüßten, es wäre in zwanzig Jahren soweit, warum sollten wir uns dann noch anstrengen!

Ich sage, ich habe bei dem Jesuiten P. Sobrino gelesen, daß Jesus nicht nur nicht wußte (wie er selbst sagt), wann dieses Reich kommen würde, sondern daß er sogar glaubte, es käme sehr bald (mit der gleichen Ungeduld wie unser Laureano). Da das Reich Gottes diese ganzen Jahrhunderte hindurch auf sich warten gelassen hat, sind wir heutigen Christen in einer anderen Lage als Christus. Und darum müssen wir, wie P. Sobrino weiter sagt, einige soziale und politische Analysen machen, die Jesus nicht machte, da Jesus nachfolgen nicht heißt, ihn einfach imitieren.

Manuel: – Jesus sagt, wir müssen wachen, weil dieses Reich wie ein Dieb in der Nacht kommt. Ich glaube, das heißt, wir müssen schon von jetzt ab versuchen, uns an das neue System zu gewöhnen, damit wir nicht von ihm überrascht werden. Wie es zum Beispiel in Kuba passierte, wo alle die, die keine Ahnung von der Revolution hatten und ihre Mitmenschen auch nicht liebten, schrecklich unter der Veränderung litten. Sie fühlten sich unterdrückt, weil sie nichts verstanden, weil sie nicht vorbereitet waren. Für sie kam die Veränderung wie ein Dieb, der sie bestehlen wollte.

Oscar: – Ich glaube, die Befreiung kommt schon sehr bald, jedenfalls hier in Nicaragua, weil die ganze Jugend vereint gegen den Kapitalismus ist, und bis die da oben das merken, wird es schon zu spät sein.

Ich: – Das ist der Sieg der Liebe, dieses Vereintsein, wie Oscar sagt; und das ist auch der Sieg über den Tod, die Auferstehung, von der Pancho eben sprach, denn der auferstandene Sohn des Menschen bringt die Auferstehung seinem ganzen Körper, und das ist der ganze Mensch.

Die klugen Jungfrauen

(Matthäus 25, 1–13)

Wir besprechen das Evangelium im Gemeinschaftshaus. Vorher haben wir zusammen gegessen: Mehrere hatten gebratenen Fisch und Tortillas mitgebracht, und Natalia hatte einen Weißkohlsalat für uns alle zubereitet.

Das Himmelreich ist wie zehn Mädchen, die mit ihren Lampen eine Hochzeit beleuchten sollen, und einige von ihnen haben genügend Öl und die anderen nicht.

Da der Bräutigam auf sich warten ließ, wurden sie alle müde und schliefen ein.

Ein Junge sagt: – Dieses Gleichnis bezieht sich auf die Ehe, die Gott mit dem Volk eingehen wird. Der Bräutigam der Menschheit ist die Liebe, und die Liebe ist Gott. Aber wenn wir sagen, daß Gott die Liebe ist, so bedeutet das nicht irgendeine Liebe, die Liebe zwischen Mann und Frau zum Beispiel, die egoistisch sein kann. Diese Liebe, die Gott ist, bedeutet, daß es keinerlei Ungerechtigkeit mehr auf der Erde geben wird: Diese Liebe ist die Revolution.

Ich bemerke, ich habe von einem lateinamerikanischen Theologen gehört (P. Juan Luis Segundo), der Ausdruck »Reich Gottes« sei zur Zeit Jesu genauso explosiv gewesen wie heute das Wort »Revolution«.

Ein alter Mann: – Es scheint, daß diesen Mädchen die Zeit lang wurde und daß sie müde wurden. So kann es auch vorkommen, daß wir es müde werden, auf das Reich der Liebe zu warten, und sagen: »Das dauert uns zu lange.« Und dann hören wir auf, auf dieses Reich zu warten.

Ich sage, meiner Meinung nach sei dieses Gleichnis vor allem an die Christen gerichtet. Schon vor zweitausend Jahren wurde uns dieses Reich angekündigt, und am Anfang sah es so aus, als ob es von einem Augenblick zum anderen kommen würde. Aber es ist immer noch nicht da, und es scheint, daß es auch noch eine Weile auf sich warten lassen wird. Im Gleichnis heißt es, die Mädchen wurden müde und schliefen ein. So geschah es auch in der Geschichte: das

Christentum schien aufgehört zu haben, auf dieses Reich zu warten. Aber im Evangelium wird den Mädchen nicht vorgeworfen, eingeschlafen zu sein. Da der Bräutigam nicht kam, war es nur natürlich, daß sie einschliefen ... Was hier gesagt wird, ist, daß die einen einen Ölvorrat hatten und die anderen nicht.

Ein anderer junger Mann: – Sehen wir uns einmal an, wie es hier in Solentiname ist: Es gibt welche, die Egoisten, Individualisten sind, und andere, die gute Kameraden sind, die sich gegenseitig helfen. Die ersten werden nicht vorbereitet sein, wenn der Sozialismus kommt, eine Gesellschaft, in der wir alle ganz gleich sein werden. Die anderen aber werden vorbereitet sein, sie sind es jetzt schon, weil sie Gemeinschaftsgeist haben.

Ein anderer: – Zuerst sah ich keinen Sinn in diesem Gleichnis, aber jetzt sehe ich, daß es sich gut auf unsere Gemeinschaft anwenden läßt: Es gibt einige, die sind vollkommen negativ, mit denen kann man überhaupt nichts anfangen, und es gibt andere, die zwar auch passiv sind und schlafen, die aber doch vorbereitet sind. Es sieht oft so aus, als ob die Revolution nie käme, aber irgendwann kommt sie doch, und alle, die nicht darauf vorbereitet sind, werden von ihr überrascht.

Um Mitternacht hörte man lautes Rufen: Der Bräutigam kommt! Geht ihm entgegen!

Ein junges Mädchen (Esperanza): – Es scheint so, daß die Veränderung plötzlich kommt, von einem Tag auf den anderen, nicht wahr?

Felipe: – Mitten in der Nacht, wenn es am dunkelsten und am stillsten ist und wenn alle am müdesten sind.

Julio: – Zuerst hatten alle Öl. Dieses Öl ist die Liebe. Mit den Mädchen, denen das Öl ausging, sind die Christen gemeint, die keine Liebe haben. Ist es nicht so? Zuerst hatten sie Liebe, aber nicht genug für eine so lange Wartezeit.

Oscar, sein Bruder: – Diese zehn Mädchen sind wir alle, und so, wie es in diesem Beispiel fünf und fünf sind, so gibt es auch unter den Christen welche, die für die Gerechtigkeit sind, und andere, die nicht dafür sind. Und wenn der Bräutigam kommt, dann wollen die, die es mit der Ungerechtigkeit halten, schnell ihre Lampen mit Liebe füllen, aber dann ist es zu spät.

Olivia: – Dann ist es zu spät, denn die Liebe lernt man nicht an einem Tag, die Liebe lernt man sein ganzes Leben lang. Und man gibt sie an seine Kinder weiter. Oder man gibt ihnen eine egoistische Lebenshaltung weiter. Ein Mensch, der mit einer egoistischen Mentalität erzogen wurde und in einer egoistischen Gesellschaft aufgewachsen ist ... wie will sich der von einem Augenblick zum anderen ändern?

Da sagten die nachlässigen Mädchen zu den vorbereiteten: Gebt uns von eurem Öl, da unsere Lampen sonst auslöschen. Aber sie antworteten: Nein, denn sonst würde es weder für eure noch für unsere Lampen reichen; geht und kauft euch welches.

Es gibt viele, die von dem, was die anderen erarbeitet haben, profitieren wollen. Die stehen dann mit leeren Händen da, wenn das neue Reich kommt, und wenn sie sehen, wie sich alles verwirklicht, dann wollen sie von dem profitieren, was die anderen auf die Beine gestellt haben. Sie sagen dann: Sie werden uns schon einlassen. Aber sie werden nicht eingelassen. Jesus sagt uns hier, daß wir nicht darauf warten dürfen, daß die anderen alles tun, daß andere die Gerechtigkeit und die Liebe auf der Erde verwirklichen.
– Ich sehe hier auch, daß man die Solidarität nicht mit den Egoisten teilen kann, denn sonst gibt es nicht genug Solidarität für alle. In einer revolutionären Gesellschaft haben die Egoisten nichts zu suchen.

Und während sie das Öl kauften, kam der Bräutigam; und die bereit waren, gingen mit ihm hinein zur Hochzeit, und die Tür wurde verschlossen.

Eins der Mädchen sagt: – Das Öl für die Lampen bringt Licht und Freude, und so ist auch die Liebe. Jeder Mensch ist wie eine Lampe, aber ein Mensch ohne Liebe ist wie eine verlöschte Lampe.
Und eine andere: – Es scheint, daß dieser Fehler, nicht für das Reich Gottes vorbereitet zu sein, nicht vergeben wird. Diesen Mädchen wurde die Tür verschlossen, es wurde ihnen nicht vergeben.
Einer der Jungen: – Es ist klar, daß das Reich Gottes nicht für alle ist. Fünf kamen hinein, und fünf blieben draußen.
Der alte Tomás Peña: – Diese Fräuleins hatten nicht genug Brennstoff, sie kauften ihr Reserveöl nicht vorher, ehe es Nacht wurde. Wenn sie genug Zeit dazu hatten ... warum sind sie dann nicht

früher gegangen? Sie brauchten sich nicht zu wundern, daß sie später vor verschlossene Türen kamen.

Ich sage: – Ich vermute, der Augenblick der Hochzeit der Menschheit mit Gott, mit der Liebe, ist dann gekommen, wenn sich die ganze Menschheit untereinander liebt. Die Hochzeit Gottes mit dem Volk, wie hier eben gesagt wurde. Aber dieses Gleichnis zeigt uns auch, daß es Menschen gibt, die lieben, und andere, die nicht lieben; Menschen, die für die Einheit arbeiten, und Menschen, die für die Uneinheit arbeiten. Die einen gehen in den Hochzeitssaal, und die anderen bleiben draußen, und die Tür wird verschlossen.

Felipe: – Die, die draußen bleiben, sind die Ausbeuter, die für die Uneinheit arbeiten.

Laureano: – Es gibt Jungen, die früher Revolutionäre waren, die sogar in der Guerilla waren, die es dann aber leid wurden. Sie sind jetzt so weit von ihren früheren Idealen entfernt, daß sie nur noch ans Geldverdienen denken. Ich glaube, denen ist auch das Öl ausgegangen.

Ein anderer Junge: – Im Evangelium ist von jungen Mädchen die Rede, vielleicht darum, weil sich dieses Gleichnis vor allem an die Jugend richtet: Es ist die Jugend der Menschheit, die mit der Lampe in der Hand wartet ...

Olivia: – Das Gleichnis richtet sich an alle, an die Alten und Jungen. Auch wir Älteren müssen die Hoffnung lebendighalten, genau wie die Jungen.

Alejandro, ihr Sohn: – Gerade darum ist ein junger Reaktionär wirklich unverzeihlich.

Oscar: – Ein junger Mensch, dem das Öl ausgeht, ist in Wirklichkeit alt. Das Licht löscht aus, die Liebe geht verloren. Er hatte nicht genug Liebe für alle seine Mitmenschen. Das Öl geht ihm aus, und ohne Öl hat er kein Licht. Er hat kein Licht mehr für das große Fest.

Darum bleibt wach, denn ihr kennt weder den Tag noch die Stunde, in der des Menschen Sohn kommen wird.

Esperanza: – Das heißt, die Veränderung kann von einem Augenblick zum anderen kommen.

Ich sage: – Es scheint tatsächlich, daß es eine Überraschung sein wird, daß die Veränderung kommt, wenn wir sie am wenigsten erwarten. Diese Worte können uns Hoffnung machen, damit wir nicht verzweifeln, wenn es so aussieht, als ob das Reich Gottes nie käme.

Olivia: – Wenn sonst von dieser Bibelstelle gesprochen wird, also daß wir weder den Tag noch die Stunde kennen, in der Christus wiederkommt, denken die Leute immer nur ans Beten und an die Einhaltung aller religiösen Gebote, aber nie an die Revolution. Und das ist eher so, als ob sie schliefen, denn so eine Religion schläfert das Volk ein. Aber Christus sagt uns genau das Gegenteil, nämlich daß wir wach bleiben sollen, daß wir ein ganz waches Bewußtsein haben sollen.

Ein Mädchen: – Und viele Leute haben Angst vor diesem Tag. Als das Erdbeben in Managua war, dachten viele Menschen, das Ende der Welt sei gekommen. Aber Jesus sagt, daß es sich um ein Fest handelt.

Oscar: – Ein wunderbares Fest, Mensch! Auf einem Fest sind wir alle vereint und teilen uns alles, was es da gibt, und alle reden zusammen, und alle sind glücklich. Darum ist das Reich Gottes wie ein Fest, ein großer Spaß.

Nach einer kleinen Pause spricht er weiter: – Wenn wir hier alle zusammen sind, fühlen wir uns auch glücklich ... Ich weiß nicht, es ist schon ein bißchen wie das Reich Gottes.

Ich sage: – Aber an diesem Fest müssen alle teilnehmen, daher die Notwendigkeit der Auferstehung. An dieser Freude werden auch die Anteil haben, die schon gestorben sind, wenn sie bei ihrem Tod ihre Lampen gut mit Öl gefüllt hatten.

Laureano: – Heute gibt es nur wenige, die sich den Luxus eines großen Festes leisten können, mit Whisky und all solchen Sachen.

Ich sage: – Christus sagte ausdrücklich, die Reichen blieben aus diesem Reich ausgeschlossen.

Laureano: – Darum machen wir die Türen zu.

Olivia: – Es handelt sich auch nicht um so ein Fest, wie es die Reichen feiern, sondern eher um ein Fest, auf dem es für alle etwas zu essen gibt, Medikamente für alle, für alle etwas anzuziehen ...

Wenn es das tatsächlich schon gäbe, feierte ganz Solentiname ein Fest, ganz Nicaragua. Dieses Fest würde gefeiert, weil sich alle liebten und weil alles für alle wäre. Ich glaube, mit diesem Hochzeitsfest ist das nicht aufhörende Fest des Reiches Gottes gemeint.

Oscar: – Seht mal, wenn ein Reicher ein Fest feiert, dann lädt er seine Freunde ein, aber die armen Leute bleiben draußen. Aber wenn das Volk ein Fest feiert, dann freuen sich alle, und alle nehmen daran teil, sogar die Reichen. Ich glaube, dieses Fest, das Gott in seinem Reich für uns vorbereitet hat, ist eher so etwas wie ein Volksfest.

Ich sage: – Aber auch die Menschen, die schon gestorben sind, sollen an diesem Fest teilnehmen, sonst wäre es ein sehr ungerechtes und exklusives Fest, genau wie die Feste der Reichen. Alle werden wir in dieser neuen Menschheit leben, die noch leben und die schon auferstanden sind, und es wird eine Menschheit sein, die nicht mehr sterben wird, weil diese Hochzeit der Menschheit mit Gott, der die Liebe ist, die Quelle des Lebens selbst ist. Ich habe mich manchmal gefragt, warum der Bräutigam in diesem Gleichnis so spät zu dem Fest kommt. Die festgesetzte Zeit wird doch früher gewesen sein, da diese Mädchen so lange warteten, bis sie schließlich einschliefen. Ich glaube, die Hochzeit muß sich aus irgendeinem Grund verzögert haben. Das scheint zu bedeuten, daß sich die Hochzeit Gottes mit dem Volk auch zu irgendeinem Zeitpunkt der Geschichte verzögert hat, warum, wissen wir nicht. Jedenfalls scheint diese Hochzeit später stattfinden zu sollen, als es ursprünglich vorgesehen war. Darum warten wir noch in der Dunkelheit der Nacht, müde, hungrig, frierend; wir warten auf die Ankunft des Hochzeitspaars und auf den Beginn des Festes.